Célestin Bouglé

Socialismes
français

essai

ISBN : 978-1514196663

10 9 8 7 6 5 4 3 2 1

Célestin Bouglé

Socialismes français

essai

Table de Matières

Préface

L'histoire est souvent un moyen de s'évader du présent. Surtout s'il s'agit de l'histoire des doctrines. Les constructions intellectuelles des grands inventeurs offrent à la pensée un abri commode, *refugium ac solatium*. On s'y installe en laissant tomber à la porte le souci du lendemain.

Mais cette tactique n'est pas toujours également facile à appliquer. Lorsque nous nous trouvons en présence de systèmes qui tendent à la réorganisation de la société – ceux qui sont du ressort de l'économie sociale -, et qu'un siècle à peine, ou moins d'un siècle, nous sépare du moment où ils ont été élaborés, alors il est quasiment impossible d'arrêter la vibration, de s'abstraire des problèmes encore posés qu'ils ont tenté de résoudre, et d'oublier des inquiétudes toujours actuelles. Surtout si l'on a soi-même participé d'une façon ou d'une autre à l'action sociale, on ne peut s'empêcher d'opérer une incessante confrontation entre ces systèmes et la vie, on cherche à préciser et ce qu'ils lui ont donné déjà, et ce qu'ils pourraient lui donner encore.

Ainsi s'expliquent les visées et la méthode de ce petit livre. Chargé depuis vingt-cinq ans bientôt d'enseigner l'histoire de l'économie sociale à la Sorbonne, mon attention a été longtemps retenue par les doctrines qui préparent, pour résoudre les questions sociales, une transformation des institutions. On sait combien ces tentatives ont été nombreuses en France dans la première moitié du XIXème siècle. Notre moisson d'idées-programmes, dans cette période, est incomparable. L'Allemagne se glorifie avec raison d'avoir vu naître, après Kant, Fichte, Schelling, Hegel. Mais nous avons aussi une trinité d'inventeurs à honorer : Saint-Simon, Fourier entre 1800 et 1830, et un peu plus tard Proudhon, construisent à leur tour de vastes systèmes. Des systèmes dominés sans doute, plus encore que ceux des Allemands, par une volonté d'action, et tendant plus directement à une refonte de l'organisation sociale. Mais eux aussi, nos « réformateurs » - c'est le titre sous lequel Louis Reybaud les raille - allèguent des principes, formulent des lois d'évolution, invitent les esprits à une sorte de tour du monde intellectuel. J'ai plus d'une fois essayé, tant à la Sorbonne qu'au Centre

Célestin Bouglé

de Documentation sociale de l'École Normale Supérieure, d'aider à la résurrection de ces penseurs, et de mettre en lumière pour la nouvelle génération la fécondité de leurs œuvres. Ayant eu d'ailleurs moi-même l'occasion, naguère, de suivre de près le mouvement des partis ou des ligues, des coopératives ou des syndicats, j'avais pu relever directement, dans les programmes des hommes d'action d'aujourd'hui, plus d'une trace de l'influence exercée par ces systèmes, ou en tout cas plus d'une tendance conforme, que l'on s'en doutât ou non, à leur esprit. Ainsi étais-je amené, en cherchant à pressentir ce que serait demain, à faire à chaque instant la navette entre les réalités d'aujourd'hui et les théories d'hier.

Et lorsque des Universités étrangères –en Belgique ou en Roumanie, en Portugal ou en Argentine, en Turquie ou en Allemagne– m'ont fait l'honneur de me demander de les renseigner sur les tendances économiques et sociales caractéristiques de la France contemporaine, il m'est arrivé d'emprunter mes cadres à l'histoire de l'économie sociale : allant par exemple des Saint-Simoniens à la grande industrie, du fouriérisme aux coopératives, du proudhonisme au syndicalisme.

Non que je veuille prétendre que tous nos capitaines d'industrie connaissent Saint-Simon, tous nos gérants de coopératives Fourier, tous nos secrétaires de syndicats Proudhon. Bien peu ont lu sans doute les œuvres de leurs parrains. Mais n'arrive-t-il pas souvent qu'un système, par divers intermédiaires, exerce une action sur ceux-là mêmes qui l'ignorent ? Des militants qui n'ont pas lu une ligne de Hegel ou de Darwin, sont pourtant imprégnés d'hégélianisme ou de darwinisme. Il y a des idées qui sont « dans l'air » ; on les respire sans s'en apercevoir. Et puis et surtout, sans s'inspirer d'une théorie, même indirectement, même inconsciemment, il arrive qu'on accomplisse des prédictions qu'elle légitimait, qu'on exécute des programmes qu'elle préconisait. On la retrouve, alors, sans la reconnaître. On ne l'applique pas, et pourtant on la vérifie. On en démontre la fécondité par une action conforme à ses principes, que ses principes n'ont pas engendrée. Coïncidences si l'on veut, ou convergences spontanées qui ne sont pas moins instructives pour l'historien que les influences proprement dites, directes ou indirectes.

Ces remarques valent surtout pour ce que nous appelons la trinité socialiste française : Saint-Simon, Fourier, Proudhon. Il va sans dire qu'autour d'eux, autour des deux premiers surtout, gravitent beaucoup de satellites, dont l'influence aussi mériterait d'être relevée. Buchez, par exemple, préconise l'association ouvrière et montre ce que peut une pensée catholique en face du problème social. Louis Blanc demande, au-dessus de l'action des associations ouvrières, celle de l'État organisateur du travail, serviteur du peuple ; il soude étroitement le sentiment socialiste au sentiment démocratique. Nous ne négligerons pas de noter chemin faisant ce qui, dans les institutions ou les programmes d'aujourd'hui, rappelle l'un ou l'autre. Mais nous estimons qu'en nous installant au cœur des systèmes saint-simonien, fouriériste, proudhonien nous avons toutes chances de voir s'ouvrir les grandes avenues où la pensée sociale française devait s'engager : ils nous fournissent les meilleurs des centres de perspective. Et c'en est assez pour expliquer l'attention particulière que nous donnons à ces trois doctrines.

Il reste que pour comprendre l'action qu'elles ont exercée sur le XIXème siècle, et celle qu'elles ont chance d'exercer sur le XXème siècle, encore faut-il se représenter les tendances qu'elles ont rencontrées sur leur route, -celles qu'elles contredisent, celles qu'elles continuent, celles avec qui elles composent. Et ainsi se justifie le plan de cette étude : avant de dresser le bilan du saint-simonisme, du fouriérisme, du proudhonisme, nous avons cru devoir rappeler sommairement le legs du XVIIIème siècle et celui de la Révolution française.

Célestin Bouglé

Chapitre 1

Legs du XVIIIème siècle

I. – Philosophes

Que devons-nous, aujourd'hui encore, à la philosophie du XVIIIème siècle ? On devine que la chose ne sera pas facile à préciser, pour différentes raisons. Et, tout d'abord, parce que, sur l'apport du XVIIIème siècle à la pensée française, l'unanimité est loin d'être acquise. Les commentateurs ne s'entendent pas entre eux. Pas plus d'ailleurs que ne se seraient entendus les auteurs eux-mêmes. Le siècle de Voltaire et de Montesquieu, de Diderot et de Rousseau a donné lieu à des appréciations variées. Et il a vu naître, en fait, des tendances fort diverses.

On a répété que le XIXème siècle, le siècle de l'histoire, avait passé son temps à réagir contre le XVIIIème, le siècle du rationalisme aprioriste. Il y a sans doute une part de vérité dans cette vue. Il est exact qu'un Bonald, par exemple, qui a emporté dans ses bagages, en prenant le chemin de l'exil, *Le Contrat social*, et qui regarde la Révolution française comme le dernier tome de *l'Encyclopédie*, dresse contre le « philosophisme » le plus sévère des réquisitoires. Opposant le *nous* au *moi*, les lois de la nature, traduction des volontés de Dieu, aux contrats établis par la volonté des hommes, l'institution spontanée de la famille aux Constitutions de papier, il rappelle que l'individu est fait par et pour la société. Une sociologie à base de théologie est ici ébauchée, dont beaucoup de penseurs du XIXème siècle retiendront des parts, même s'ils tournent le dos à la théologie et refusent le retour à l'ancien régime. Auguste Comte n'est pas moins sévère que Bonald pour la « métaphysique » des droits de l'homme, Taine continue l'un et l'autre lorsqu'il part en guerre contre l'ivresse des idées abstraites, génératrice selon lui de tant de crimes. « Erreur française par excellence » déclarera M. Paul Bourget, qui s'efforce de démontrer que la façon de penser des précurseurs et préparateurs de la Révolution est exactement contraire aux exigences de la science expérimentale à la Claude Bernard. La critique littéraire, il y a une trentaine d'années, semblait partager unanimement ces antipathies. Nous avons nous-mêmes entendu, à l'École Normale Supérieure, Ferdinand Brunetière terminer un cours d'une année sur Voltaire en déclarant qu'il ne souhaitait pas à son pays beaucoup d'hommes de cette trempe. Jules Lemaître vers les mêmes dates étalait avec complaisance le linge sale de Rousseau, l'accablait d'ironies, l'inculpait d'incohérence. Moins sarcastique, Émile Faguet n'était guère, au fond, plus tendre, même pour Montesquieu.

Depuis, le XVIIIème siècle a été l'objet de recherches plus détaillées. La critique à la loupe a gagné sur la critique au télescope. On s'est vanté d'être plus objectif. En tout cas on a voulu devenir plus précis. Il a bien fallu s'apercevoir alors que les verdicts jusque-là classiques étaient un peu sommaires, qu'ils nous empêchaient en tout cas de mesurer la complexité de l'objet à étudier. M. G. Lanson, qui fut l'un des premiers à dénoncer ces « simplifications à outrance » et ces « synthèses précipitées », s'est plus à montrer ainsi le rôle de l'expérience dans la formation de cette morale rationnelle vers laquelle tendait le monde des philosophes. Beaucoup d'entre eux ont-ils fait autre chose que de systématiser la pratique des honnêtes gens de leur temps, et ajouter des justifications théoriques à ces aspirations vers le bien-être généralisé, la bienveillance mutuelle, la tolérance, qui étaient dans le sens du nouveau courant ? Bien loin que ces principes ne soient posés *a priori* par une raison perdue dans les nuées, on les voit sortir, dans nombre de cas, des situations sur lesquelles la réflexion publique est attirée. Où prend-on d'ailleurs que le souci de l'observation et de l'enquête fût inconnu aux contemporains de Voltaire ou de Rousseau ? M. Mornet, poursuivant l'effort de M. Lanson, nous invite à entrer dans les « cabinets » de naturalistes, à la mode à cette époque. On y classait des collections. On y maniait le microscope. On y luttait, à coup de faits, aussi bien contre l'esprit de système que contre les traditions de la théologie. Ainsi s'accumulaient les milliers de connaissances positives qui devaient permettre la magnifique floraison de sciences dont fut témoin, à la veille de la Révolution et en pleine Révolution, le XVIIIème siècle finissant. Qu'on se reporte au tableau magistral qu'en a tracé Louis Liard, dans son *Histoire de l'enseignement supérieur en France*, pour établir de combien la libre recherche, alors, dépassait l'enseignement officiel. Ce ne sont

Célestin Bouglé

pas seulement les mathématiques ou l'astronomie, c'est la chimie, la physique, la biologie qui connaissent alors de magnifiques rajeunissements. Et lorsque viendra un Henri de Saint-Simon, gentilhomme enivré d'ambitions intellectuelles grandioses, pour accomplir la synthèse des sciences qu'il croit nécessaire, il revendiquera pour lui l'honneur de poser la coupole ; mais il sait que les piliers ont été élevés, pierre à pierre, par les esprits curieux de faits qui furent si nombreux et si actifs au XVIIIème siècle.

*

* *

Ne serait-il pas étonnant que cette curiosité s'arrêtât au seuil du monde social, et qu'ici, préoccupés de critiquer, de réformer et de proclamer le droit, les philosophes, systématiquement, fissent bon marché des faits ? Est-il vraisemblable qu'ils se soient méthodiquement mis des œillères ? En réalité, il n'est pas de réformateur qui ne soit d'abord, peu ou prou, observateur. Et plus que tous les autres, les penseurs hommes d'action du XVIIIème siècle ont eu les yeux grand ouverts sur les réalités historiques. La « meute » des Encyclopédistes, qui se rue avec tant d'ardeur contre préjugés et privilèges, a pris aussi sa part de la chasse chère à Bacon. M. Hubert a récemment dressé le bilan de ce que les sciences sociales doivent à l'Encyclopédie. Il a pu montrer que nombre de ses collaborateurs ont continué à leur manière l'effort des érudits dont ils utilisaient les acquisitions : en matière ethnographique comme en matière linguistique, qu'il s'agisse des sociétés primitives ou de la société européenne au moyen âge, des institutions politiques ou des croyances religieuses, les Diderot, les de Jaucourt, les Boucher d'Argis accumulent et cherchent à ordonner des connaissances positives, pour la préparation d'une philosophie de l'histoire qui devrait être tout autre chose qu'une spéculation normative *a priori*. Et en ce sens on peut soutenir que de ces robustes chercheurs « Condorcet et après lui Saint-Simon et Auguste Comte n'ont fait que recueillir et accroître l'héritage ».

Au surplus, pour nous faire mesurer l'étroitesse de la critique tant de fois adressée à l'esprit du XVIIIème siècle –toujours prêt à raisonner sur le droit, disait-on, mais incapable de s'incliner devant les faits- un nom devrait suffire : celui de Montesquieu. En admettant que les philosophes réformateurs après lui se soient laissé griser par des abstractions impératives, l'auteur de l'*Esprit des Lois* n'offrait-il pas d'avance une sorte d'antidote ? Il renvoyait les rêveurs à l'école de l'expérience. Il déclarait vouloir parler, lui, « d'après les histoires ». Dans toutes les civilisations il collectionnait des exemples, préoccupé d'établir les conditions de fait qui rendent viables les Codes, et de rappeler que ce qui convient à un type de société ne convient peut-être pas à un autre. Le législateur qui veut faire œuvre durable ne doit pas tenir compte seulement de la variété des climats qu'il ne peut braver, ni de la nature des gouvernements qu'il ne faut pas « choquer », mais de l'état du commerce, du caractère des religions, enfin de ce que Montesquieu appelle « l'esprit général », ancêtre du *Volksgeist* et de la conscience collective. Car « les lois ont des rapports sans nombre à des choses sans nombre ». Montesquieu ouvre donc toutes sortes de voies à l'enquête. mais il nous avertit qu'en aucune matière on ne peut se passer de l'enquête. Et en attendant que nous puissions en rassembler et coordonner les résultats, il nous donne des conseils de sagesse conservatrice Rencontrant sur sa route cette notion de préjugé contre laquelle tant d'esprits forts du XVIIIème siècle partaient en guerre, il déclare gravement que le pire des préjugés pour un peuple est de ne pas se connaître, entendez : d'ignorer les conditions locales et historiques dont il est pour une part prisonnier. Ne sommes-nous pas ici en plein relativisme, aux antipodes de ce rationalisme universaliste, impatient de légiférer pour tous les temps comme pour tous les pays, si souvent dénoncé comme le mauvais génie qui devait conduire la France à la Révolution ?

Il va de soi que Montesquieu n'échappe pas complètement au courant du siècle. Le magistrat qui a écrit les *Lettres Persanes* n'est pas seulement un bel esprit habile à la satire : c'est un cœur de philanthrope que l'injustice et l'intolérance indignent. Il sait d'ailleurs qu'il existe au-dessus des lois de convenances ou dépendances mutuelles, que l'observation découvre entre les divers faits sociaux, des lois morales éternelles, expressions de la volonté divine. Et s'il rencontre sur son chemin l'esclavage, il le déclare contre nature, quoique dans certains pays il soit fondé sur une raison naturelle.

Célestin Bouglé

Les deux vagues s'affrontent ici : comme l'a judicieusement remarqué M. Lanson, idéalisme et réalisme, rationalisme réformateur et déterminisme conservateur se mêlent, en se limitant réciproquement, dans l'esprit de Montesquieu. Mais sa plus grande originalité, en son temps, est de rappeler que les réalités politiques et sociales sont elles-mêmes soumises à des lois naturelles, déchiffrables du dehors par l'observation patiente. Et en ce sens il n'est pas étonnant qu'Auguste Comte le salue comme un de ses plus directs précurseurs, ni que Durkheim consacre une de ses thèses à la classification des types sociaux d'après Montesquieu.

Au total, cette tendance a effectivement attendu Auguste Comte et ses continuateurs pour prendre son plein développement. Au siècle de Montesquieu lui-même, entre la date de *l'Esprit des Lois* et celle de la *Déclaration des Droits de l'Homme*, la balance n'a point penché, finalement, du côté du réalisme qui lui était cher. Malgré les réserves que nous avons dû faire contre une antithèse dont on a usé et abusé, il reste vrai que la majorité des philosophes du XVIIIème siècle, philosophes militants, on dirait presque penseurs de cape et d'épée, toujours en bataille contre des traditions qui les oppressent, empruntent au rationalisme surtout sa puissance de libération. Cartésiens actifs, eux qui en matière de physique ou de psychologie préfèrent pour la plupart Newton et Locke à Descartes, et travaillent à faire prédominer le sensualisme sur l'innéisme, ils retiennent pour le généraliser le doute méthodique, et la foi dans la vertu des idées claires et distinctes, et l'idée que, le bon sens étant la chose du monde la mieux partagée, la société elle-même peut et doit être refaite à coup de raison. Et les voilà qui manient en effet la raison comme un hache, s'attaquant aux forêts sacrées où Descartes, le « philosophe au masque », comme aime à dire M. Maxime Leroy, déclarait prudemment ne pas vouloir pénétrer. D'Alembert, dans le *Discours préliminaire* à l'Encyclopédie, le compare à un chef de conjurés qui reste dans l'ombre et ne voit pas l'issue de la conspiration qu'il a pourtant préparée. Fidèles, pensent-ils, à son inspiration profonde, généralisant sa défiance, portant partout ces « humeurs brouillonnes et inquiètes » qu'il déclarait lui être antipathiques, aucun respect ne les arrête : croyances religieuses, coutumes politiques, conventions sociales, ils passent tout au trébuchet de la critique. Nature, Raison, Humanité, voilà les seules divinités devant lesquelles ils s'inclinent. Et lorsque les hommes de la Révolution répéteront avec Rabaut Saint-Étienne : « Notre histoire n'est pas notre code », c'est bien le même philosophisme qui les inspire, un philosophisme en lutte contre l'historisme. Le droit naturel qu'il met au-dessus de tout, c'est bien la faculté pour l'individu de juger la société, et l'autorisation de la reconstruire, s'il le faut, de fond en comble, selon les exigences de la raison.

En ce sens, le *Contrat social* pèse plus lourd, dans l'esprit des auteurs de la Révolution, que *l'Esprit des Lois*. Le relativisme historique recule devant le rationalisme juridique dont J.-J. Rousseau – le Rousseau du *Contrat* - est en effet le plus authentique représentant. La société faite par et pour les individus, la convention créant la loi, l'adhésion des citoyens au gouvernement subordonnée aux conditions posées par une volonté générale qui n'est elle-même que si elle tend à l'égalité, en deux mots, comme l'indiquait Lakanal dans son rapport à la Convention pour le transfert des cendres de Rousseau au Panthéon, souveraineté du peuple et égalité des citoyens, telles sont bien les thèses où paraissent se concentrer, comme en autant d'explosifs, les audaces intellectuelles du XVIIIème siècle ; Bonald à juste titre y flaire la négation de tout traditionalisme.

*

* *

Le mot d'ordre qui s'en dégage, faut-il donc dire que c'est l'individualisme à tout prix, sans réserve ni mesure, et qu'ainsi la philosophie du XVIIIème siècle a déchaîné sur la France, au risque d'y rendre impossible toute organisation, un esprit de liberté orgueilleux, rogue, toujours prêt aux revendications et jamais aux concessions ? On serait amené par là à faire porter, à cette même philosophie, la responsabilité des malaises graves dont la civilisation occidentale a souffert, lorsque l'industrialisme naissant a lié partie avec le libéralisme et qu'on a cru résoudre au mieux tous les problèmes, tant sociaux qu'économiques, en répétant : « Laissez faire, laissez passer ». Si ce libéralisme absolu est bien le fruit

Célestin Bouglé

naturel des revendications des collaborateurs de Diderot ou des émules de Rousseau, il apparaît clairement, ajouterait-on, qu'entre cette philosophie et la doctrine socialiste il n'y a rien de commun. Pas de communication possible. Et ainsi l'on pourrait se servir, soit de la philosophie du XVIIIème siècle pour réfuter le socialisme, soit du socialisme pour réfuter la philosophie du XVIIIème siècle.

Il y a longtemps qu'on a essayé de dissiper cette équivoque. Dans sa thèse sur *L'Idée de l'Etat*, notre professeur Henry Michel établissait qu'au XVIIIème siècle, l'individualisme n'avait nullement ce caractère absolu, tranchant, négatif, qu'on lui a quelquefois donné au XIXème. Il savait se plier alors aux exigences de la solidarité humaine.

Montesquieu lui-même ne voulait-il pas des greniers publics pour que la subsistance de tous fût assurée ? Condorcet rappelant que les services publics sont une dette sacrée de la société, n'imaginait-il pas des caisses d'accumulation destinées à faire vivre déjà un système de crédit mutuel et d'assurances sociales ? Au surplus, est-il étonnant qu'ils soient portés à demander des mesures d'assistance ou d'assurance, voire à admettre des restrictions, dans l'intérêt de tous, au droit de propriété, ces philosophes qui mettent au-dessus de tout les droits de l'individu ? A la condition qu'ils veuillent ces droits garantis pour tout le monde, n'est-il pas naturel qu'ils acceptent ou réclament une transformation des institutions qui se révéleraient, à l'usage, préjudiciables au grand nombre ? De ce point de vue, il apparaît que l'antithèse entre individualisme et socialisme repose peut-être elle aussi – nous aurons l'occasion d'y revenir - sur une équivoque.

Qui ne sait d'ailleurs que les constructions proprement socialistes n'ont pas manqué au XVIIIème siècle ? Elles y ont même abondé. M. André Lichtenberger faisait naguère défiler sous nos yeux toutes sortes de systèmes où la propriété est supprimée ou tout au moins réglementée, pour que soit sauvegardée l'égalité. Morelly, Mably élaborent jusqu'au détail des projets de cités communistes inspirés à la fois du souvenir des Communautés religieuses et de celui des Républiques antiques. Ils en bannissent la propriété privée comme la mère de tous les vices. D'autres réformateurs moins intransigeants déclarent du moins qu'il faudra établir un impôt sur le revenu, limiter ou supprimer les successions, fixer un maximum aux fortunes, multiplier les lois somptuaires, créer des ateliers publics, favoriser les associations de travailleurs. Qu'est-ce à dire, sinon que dès le XVIIIème siècle des plans de régime socialiste hantent bien des cerveaux, indignés des vices des riches comme de la misère des pauvres ? Plans qui gardent d'ailleurs, remarque M. Lichtenberger, le caractère d'utopies littéraires. Cités de rêve suspendues en l'air comme celle des *Nuées* d'Aristophane. On ne les sent pas soutenues par une réalité historique. Il n'y a pas encore une classe d'ouvriers prolétaires pour porter le socialisme. Il n'est guère alors que fantaisie spéculative d'intellectuels isolés.

À noter toutefois que les constructions de ce genre supposent un certain nombre de réflexions critiques sur l'ordre économique établi, qui pourront plus tard devenir parties intégrantes d'uns système. Et ce n'est pas chez les fabricants d'utopies, communistes ou socialistes, qu'elles trouvent créance. Que le grand nombre sème et que le petit recueille, que trop souvent le profit soit en raison inverse du travail, que d'ailleurs le salaire soit maintenu au plus bas par la concurrence que se font entre eux les travailleurs, que les détenteurs des subsistances gardent sur les non-propriétaires une puissance invincible, que le peuple forme toujours la partie la plus misérable et la plus nécessaire de la nation, des remarques comme celles-là, grosses de conséquences, ne repassent pas seulement dans les écrits d'un Morelly, d'un Linguet, d'un Rousseau : on en rencontre d'analogues dans l'Encyclopédie, et chez d'Holbach, et chez Turgot. C'est en pensant à cette tradition que M. L. Cahen pouvait aller jusqu'à écrire, à propos de l'idée de lutte de classes au XVIIIème siècle, « qu'une des thèses fondamentales du socialisme contemporain n'est pas la conséquence du développement de la grande industrie et de la formation d'un prolétariat ouvrier, mais l'œuvre logique et rationnelle de la philosophie française du XVIIIème siècle. »

En cette matière encore, Rousseau devait trouver la plus large audience. Il remplit ici ses fonctions caractéristiques, qui sont de condenser et d'enflammer. Ce n'est pas lui qui pousse le plus loin l'analyse des mécanismes économiques, ni qui définit le plus soigneusement des concepts comme ceux de profit, de salaire, de concurrence. Mais tous ceux qu'il manie, il les charge de passion. Et d'une passion qui tient non seulement à son tempérament

Célestin Bouglé

propre, mais aux situations qu'il a traversées. Avec lui, dira Louis Blanc, un nouvel ordre de citoyens se présentait, réclamant sa place dans le monde. Dès ses *Discours*, à l'indignation du protestant scandalisé par les vices des civilisés se mêle la plainte amère du plébéien choqué par l'inégalité. Est-ce à dire qu'il soit en tout et pour tout, comme le prétendait le même Louis Blanc, le précurseur du socialisme moderne ? Si l'on entend par socialisme moderne la théorie qui implique et la condamnation de la propriété privée et l'apologie du prolétaire ouvrier, il va de soi que ni l'une ni l'autre de ces thèses n'est formellement développée chez Rousseau. Ne trouverait-on pas chez lui peut-être autant de textes où il absout la propriété que de textes où il la vitupère ? Quant à l'ouvrier serviteur de l'usine dans ces villes dont il abomine la civilisation, Rousseau ne le voit pas monter à l'horizon. Il ne pense pas pour cette race nouvelle, qui naîtra avec la grande industrie. Le paysan dans sa chaumière, l'artisan dans son échoppe sont les habituels compagnons de son rêve. Du moins oppose-t-il, avec une raideur qui ne sera pas dépassée, non seulement l'homme aux états, mais le peuple aux grands. « C'est le peuple qui compose le genre humain ». Deux fois noble : et parce qu'il est, de par ses mœurs, le plus près de la nature, et parce qu'il est, de par son travail, le plus utile à la vie de la nation. Trop longtemps la force des lois a été utilisée contre lui, par des possédants désireux avant tout de sauvegarder leur propriété, par des privilégiés étroitement attachés à leurs privilèges, par des oisifs qui se distinguent mal des voleurs. Vienne le retournement, le renversement vengeur : ce ne sera que justice. Ces appels à la loi nouvelle, qui restaurera et sauvegardera l'égalité, on les perçoit clairement dans les *Discours*, dans le *Contrat*, dans l'*Émile*. Et c'est pourquoi il n'est pas étonnant que les hommes de la Révolution aient voulu célébrer leur auteur, non seulement pour avoir « réhabilité les arts utiles », mais pour leur avoir appris à retrouver « sous l'écorce des fausses conventions sociales » le sentiment de l'égalité native des personnes humaines.

*

* *

Chapitre 1

Dans quelle mesure ces conceptions dominantes, -rationaliste, individualiste, socialiste, - qui dès le XVIIIème siècle tantôt se fondent et tantôt se dissocient, exercent-elles aujourd'hui encore une action sur la vie politique et sociale de la France ? Elles ont été vivement combattues, nous l'avons rappelé, dès le lendemain de la Révolution. Et dans l'argumentation qu'on leur a opposée, la science a paru prendre la suite de la théologie. On a pu croire que l'esprit positif, s'appliquant à l'étude des sociétés humaines, fournirait aux partisans du trône et de l'autel, en butte aux critiques véhémentes des « métaphysiciens » du droit naturel, une revanche inattendue : il permettrait de démontrer que la démocratie, fille du philosophisme, est « antiphysique » ; ses vœux ne sont-ils pas contraires aux lois de la nature, laquelle exige entre autres, pour le progrès de l'humanité comme pour celui des espèces animales, le respect de la différenciation et de l'hérédité ? Ainsi la route serait balayée : les idées du XVIIIème siècle devraient être définitivement considérées comme désuètes, inadmissibles au gouvernement d'un grand pays.

C'est aller vite en besogne. En réalité, la thèse qui retourne la science contre la démocratie est –nous avons essayé souvent de le démontrer- plus que contestable. Ni les lois de la différenciation, ni celles de l'hérédité, ne s'appliquent telles quelles au monde humain : des possibilités, des nécessités inattendues, inconnues du monde animal, entrent ici en jeu. Quand d'ailleurs il serait exact que le bien-fondé des principes chers au XVIIIème siècle ne pût être scientifiquement établi, ces principes garderaient encore, dans la pratique, un rôle à jouer : ne fût-ce qu'à titre de jugements de valeurs, traduisant les aspirations des masses et servant de centres de ralliement à leurs activités.

La sociologie contemporaine, dit-on, devrait logiquement condamner ces tendances, s'il est vrai qu'elle emboîte le pas derrière les Bonald et les Comte. Mais où prend-on qu'elle soit asservie à leur influence ? On peut tirer profit de telles remarques de l'un ou de l'autre sans s'inféoder pour autant à leurs systèmes, pas plus au sociocratique qu'au théocratique. Moins ambitieux par principe, et décidés à se plier plus socialement à l'observation des faits spécifiquement sociaux, les sociologues aujourd'hui tiennent pour prématurées les vastes synthèses en vertu des quelles on dé-

Célestin Bouglé

clare contraires aux lois de l'organisation naturelle des sociétés les aspirations de la démocratie. S'il est permis de dégager d'études sociologiques, méthodiquement limitées des tendances provisoires, celles-ci ne paraissent nullement défavorables aux idées libérales et égalitaires. En dressant naguère le bilan des travaux de l'*Année sociologique*, nous pouvions constater que plusieurs de ses collaborateurs semblaient justifier, par les méthodes qui s'imposaient au XIXème siècle, la plupart des conclusions pratiques du XVIIIème siècle. Durkheim lui-même n'appuie-t-il pas à sa manière les revendications de l'individualisme moderne ? Sa thèse sur la *Division du travail* démontre la nécessité d'une solidarité de type nouveau qui permettra aux individus de différer, de chercher leur voie, de courir leur chance, de penser par eux-mêmes : le culte de la personne humaine passe, selon ses vues, au premier plan de la conscience collective. Et sans doute, pour que les droits de la personnalité humaine elle-même soient garantis à tous, il escompte une réforme de l'organisation actuelle. Entre l'État hypertrophié et les individus atomisés, il veut voir se reconstituer des centres intermédiaires capables d'instaurer, en même temps qu'une discipline morale, un ordre économique nouveau. Et c'est la porte ouverte au syndicalisme, et par le syndicalisme au socialisme. Mais c'est toujours pour donner satisfaction aux droits égaux des individus que le chef de notre école sociologique réclame ces garanties. En ce sens, il reste fidèle aux *Déclarations des Droits* qui sont pour une part l'aboutissant du travail intellectuel du XVIIIème siècle : sans doute eût-il reconnu ces principes encore utilisables pour les transformations actuelles du droit.

A vrai dire, il ne manque pas aujourd'hui d'esprits qui, sur ce terrain même, aiment à dresser des antithèses. En mettant en lumière ce qu'il appelle la « révolte des faits contre le droit », M. Morin, par exemple, se plaît à étaler les lacunes du Code civil où s'est incarné l'esprit individualiste du XVIIIème siècle : le Code civil ne nous apporte pas de quoi résoudre les problèmes posés par l'organisation actuelle du travail ; les conventions collectives qu'il exige ne sont nullement du même ordre que les contrats entre individus. Il y a d'ailleurs longtemps que M. Duguit, se rattachant à Comte, déclarait périmées ces conceptions juridiques qui donnent tous les droits à l'individu et toute la puissance à l'État. Il ne veut pour la règle de droit qu'un fondement objectif : l'ordre public doit être organisé de façon que chacun puisse remplir sa fonction sociale, conformément aux exigences de la solidarité. Seulement, il y a des formes diverses de solidarité : les unes faisant bon marché des droits individuels, d'autres leur réservant la plus grande marge. Si l'on opte pour celles-ci, n'est-ce pas en vertu de jugements de valeur où s'entend encore un écho du *Contrat social* ? En ce sens, J. Charmont a pu parler d'une « renaissance du droit naturel », et faire observer que le principal objet du « droit social » était justement de fournir plus de garanties aux individus.

Au surplus, lorsque les sociologues proprement dits interviennent, comme M. Davy par son livre sur *Le droit, l'idéalisme et l'expérience*, dans les débats entre juristes, n'est-ce pas pour justifier à leur manière des affirmations idéalistes, -ce que G. Séailles appelait les « affirmations de la conscience moderne » -qui commandent les transformations du droit ? Seulement ces affirmations ne sont plus présentées comme autant d'expressions de vérités éternelles. Elles ne sont plus promulguées sur un Sinaï, mais jetées à nos pieds par le fleuve de l'histoire. Elles traduisent elles-mêmes des aspirations liées à des situations correspondant à des changements qui se produisent dans la structure des sociétés où nous vivons. Nous avons pu essayer d'établir naguère que le succès des *Idées égalitaires* était grandement favorisé par le va-et-vient quia abaisse les barrières entre cercles spécialisés et hiérarchisés, par la complication sociale qui entrecroise les groupements auxquels un même homme participe, par les courants de toutes sortes, et parfois de direction contraire, qui à la fois nous uniformisent et nous singularisent ; en ce sens, disions-nous, les idées égalitaires ne nous tombent pas du ciel. Elles ne sont pas des aérolithes : des plantes grimpantes plutôt, toutes chargées des sucs du sol qui nous porte.

Ainsi serait-il possible de justifier sociologiquement les principes lancés par le philosophisme du XVIIIème siècle, et d'expliquer le prestige dont ils continuent à jouir chez nous, du moins dans les milieux qui ont quelque chose à attendre d'une « démocratisation » des institutions politiques et sociales.

Célestin Bouglé

*

* *

Il est trop clair en effet que l'argumentation théocratique, et plus tard l'argumentation positiviste n'ont pas obtenu grand succès pratique. Elles n'ont pas empêché les « hommes du mouvement » de gagner du terrain, de grouper autour d'eux des électeurs de plus en plus nombreux, sous le signe des dieux du XVIIIème siècle : nature, raison, humanité.

Peut-être même faudrait-il généraliser et convenir que, abstraction faite des intérêts et des passions de parti, l'esprit français donne souvent la preuve, encore aujourd'hui, qu'il a conservé une sorte d'empreinte du XVIIIème siècle. Les manières de raisonner qui prévalaient alors sont encore reconnaissables chez nous, même chez ceux d'entre nous qui ne sentent nullement attirés par la philosophie de l'*Encyclopédie* ou du *Contrat social*, et encore moins par les conséquences politiques et sociales qu'on en déduit. *Nolentes trahunt.* Telle est du moins l'impression de beaucoup d'observateurs étrangers, qui reconnaissent cette même marque d'origine sur les Français, de tendances pourtant diverses, qu'ils voient à l'œuvre. Un homme d'État anglais à Genève, dans une discussion sur la meilleur façon d'organiser la sécurité, ne disait-il pas avec humour : « Nous croyons, nous Anglais, que les types humains sont différemment conformés, et qu'il faut varier les coupes de vêtement en conséquence. Vous semblez toujours croire, vous Français, que le même complet devrait convenir à tout le monde ». C'était retrouver la réflexion fameuse : « Je ne connais pas l'homme, je ne connais que les hommes ». Thème commun aux réquisitoires d'un Burke et d'un Savigny, d'un de Maistre ou d'un Taine, contre l'idée que le XVIIIème siècle se forge du droit naturel. N'est-ce pas à la même tradition qu'il faudrait rattacher un des traits qu'un psychologue qui a pu confronter, à Genève encore, toutes sortes d'idiosyncrasies ethniques, M. Salvador de Madriaga, propose pour caractériser les Français : avant tout des juristes raisonneurs, toujours prêts à poser des principes universels, dont ils déduisent inexorablement les conséquences ? Lorsque l'on compare d'ailleurs la psychologie politique allemande à la psychologie politique française, et qu'on veut faire comprendre par exemple pourquoi, malgré la Constitution de Weimar, la démocratie est loin d'avoir la même allure à gauche et à droite du Rhin, n'en revient-on pas aux mêmes repères ? M. Vermeil se plaint que les Allemands n'accordent ni le même pouvoir que nous à l'État, chargé de faire respecter les volontés de la démocratie, ni la même valeur à l'individu, qui doit avant tout rester capable de penser par lui-même. Cela ne revient-il pas à regretter que l'Allemagne n'ait directement senti le rayonnement ni d'un Voltaire, ni d'un Diderot, ni d'un Rousseau ?

Mais il va de soi qu'on retrouverait leur esprit singulièrement plus vivant chez les hommes d'action, qui ont des revendications populaires à justifier, et qui rencontrent les mêmes adversaires que le XVIIIème siècle démasquait naguère avec tant de vigueur. Il n'est pas étonnant par exemple que les défenseurs de l'idée laïque, soucieux de sauver l'État de la mainmise de l'Église, et l'individu de l'emprise des dogmes traditionnels, s'efforcent, pour refouler les contre-attaques de Bonald, de ressusciter Voltaire. Proudhon lui-même, opposant la Justice dans la Révolution à la Justice dans l'Église, se réclame formellement de d'Alembert et de ses collaborateurs. Et Jules Ferry, qui a lu Proudhon, est plus d'une fois remonté lui aussi aux sources où Proudhon déclarait s'alimenter. Tout jeune avocat, ne prit-il pas pour sujet de la Conférence de rentrée que lui demanda Berryer : « De l'influence des idées philosophiques sur le Barreau au XVIIIème siècle » ? Et en 1870, lorsqu'il fait le serment de s'attacher au problème de l'éducation du peuple, c'est de Condorcet qu'il s'inspire, de ce même Condorcet dont Ferdinand Buisson rééditera les *Mémoires sur l'instruction publique*. La Bibliothèque du XVIIIème siècle offre ainsi aux laïcisateurs le plus beau stock d'arguments qu'ils puissent demander.

Bien entendu, cette même Bibliothèque répondrait à mainte autre préoccupation. Mais toujours, le thème central de la plupart des livres qu'elle rassemble, c'est la libération de la personnalité humaine, c'est la préparation des mesures propres à assurer, vis-à-vis des États eux-mêmes, le respect de ses droits vitaux.

Mais, dira-t-on, ce n'est pas seulement ni surtout de démocratie qu'il s'agit aujourd'hui. C'est de socialisme. Et le plus intéressant, pour l'esprit qui veut faire la navette entre le présent et le passé,

Célestin Bouglé

serait précisément de savoir si, en cédant à la pente qui conduit au socialisme, nous obéissons encore à l'impulsion lointaine des précurseurs de la Révolution. Nous nous livrerons à cette enquête. Mais ici, à ce qu'il nous semble, la dissociation devient impossible entre les souvenirs de la philosophie du XVIIIème siècle et ceux de la Révolution elle-même. La masse tient volontiers pour accordé que, par la Révolution, les idées des philosophes en matière sociale ont subi l'épreuve du feu : à ce moment-là elles se sont rapprochées de la réalité pour la gouverner. Il n'est pas étonnant qu'elles restent, aux yeux des partis en bataille pour la transformation du monde d'aujourd'hui, comme auréolées par cette expérience, et qu'on se souvienne surtout du moment où elles apparaissent penchées vers l'action. Nous attendrons donc d'avoir précisé le legs de la Révolution pour décider si le socialisme aujourd'hui garde ou non quelque chose de la philosophie dont la Révolution parut être la fille.

Chapitre 1

Chapitre 2

Legs du XVIIIème siècle (suite)

II. – Physiocrates et ruraux

Avant d'entrer dans la fournaise de la Révolution pour discerner les fusions ou les dissociations qui s'y sont produites et les alliages qui en sont sortis, il nous faut nous arrêter à une École qui a conquis, dans la deuxième moitié du XVIIIème siècle, une large place au soleil : les Économistes qu'on appelle Physiocrates, disciples du docteur Quesnay, composent une « secte » qui se distingue de plus en plus nettement de la « meute » des philosophes. Et sur les problèmes non seulement économiques, mais politiques et sociaux, ils prennent une attitude fort différente et de celle de Montesquieu, et plus encore de celle de Rousseau et de ses émules. En particulier s'il est vrai que ceux-ci nous rapprochaient du socialisme, les Physiocrates tendraient plutôt à nous en éloigner : du moins leur théorie centrale nous conduit-elle aux antipodes de celle que le socialisme contemporain, sous l'influence du marxisme, nous a rendue familière : celle qui fait sortir toute valeur du travail industriel, et qui place la classe ouvrière au-dessus de tout. L'école de Quesnay est en tout cas aussi peu « travailliste » ou « ouvriériste » qu'il est possible, et si elle met une classe au-dessus de tout, c'est celle des propriétaires ruraux.

À partir de 1750, dit Voltaire, toute la France se mit à déraisonner sur les blés. Le philosophe rendait ainsi hommage, non peut-être sans quelque dépit, au succès d'un certain docteur qui prétendait apporter un remède à la détresse financière du royaume. Quesnay, médecin de Mme de Pompadour, grand lecteur de Malebranche, propriétaire d'une modeste terre en Nivernais, publie en 1758 un *Tableau économique* qui produisit grand effet. Commentant le mot fameux : « Pauvre paysan, pauvre royaume ; pauvre royaume, pauvre roi », il y démontre par de savants « zigzags », en comparant entre elles les diverses sources de revenus, que le bon moyen de remplir les caisses de l'État était de favoriser l'agriculture, seule créatrice de richesses. Quesnay convertit à sa thèse des hommes d'élite : au premier rang desquels le marquis de Mirabeau, auteur de l'*Ami des Hommes*, qui devait écrire en 1763 la *Philosophie rurale*, le Pentateuque de la future secte, selon Grimm. Dupont de Nemours célèbre à son tout *Les Origines et les Progrès d'une science nouvelle*. Le Trosne, avocat du roi à Orléans, démontre *La liberté des grains toujours utile et jamais nuisible*. Le Mercier de la Rivière, ancien intendant à la Martinique, définit *L'Ordre naturel et essentiel des sociétés politiques*. L'Abbé Baudeau qui écrit l'*Introduction à la philosophie économique* ou Analyse des États policés, dirige les *Éphémérides du Citoyen*. Bref une École se constitue et s'outille, dont M. Weulersse, dans son livre sur le *Mouvement physiocratique en France*, a suivi, avec une méthodique patience qui paraît épuiser le sujet, l'action sur l'opinion.

Quelle était donc la doctrine que les Physiocrates lui proposaient ? Les titres mêmes des livres que nous venons de citer la rappellent. Il s'agissait de convaincre le roi, ses conseillers, ses sujets, que toute prospérité naît de l'agriculture, et que l'agriculture vit de liberté. Le premier préjugé à démolir, pour faire triompher cette thèse, c'était le préjugé mercantiliste : l'idée qu'une nation s'enrichit en vendant le plus possible à l'étranger et en achetant le moins possible de produits façonnés. N'arriverait-elle pas ainsi à drainer l'or du monde dans ses coffres ? d'où l'utilité, pour l'État, de prodiguer des encouragements à l'industrie exportatrice. Dangereuses illusions, selon les Physiocrates. La vraie richesse des nations n'est pas la concentration de l'or, c'est la multiplicité des produits de la terre. Et l'important en conséquence n'est pas de prodiguer les étais à l'industrie : c'est d'enlever les entraves à l'agriculture.

Or ne dirait-on pas qu'on s'ingénie à rendre difficultueuse la circulation des grains ? Marchés imposés et d'ailleurs raréfiés, jours et lieux fixés pour la vente, zones interdites au transport, stocks constitués d'office, tout conspire, dirait-on, pour gêner le cultivateur, pour l'empêcher d'obtenir un bon prix des fruits de la terre. C'est contre ces barrières, qui leur paraissent boucher l'horizon, que les Physiocrates s'acharnent. Et c'est pourquoi ils adoptent la politique impliquée par la maxime fameuse : « Laissez faire, laissez passer ». La maxime est de Gournay, qui partait du comptoir, observe Turgot, tandis que Quesnay partait de la charrue. C'est seulement du bon prix des grains que celui-ci se soucie. Et il importe

Chapitre 2

de le rappeler pour bien fixer la nature de son libéralisme économique. Libéralisme d'expédient, a-t-on dit, plutôt que libéralisme
de principe. Ne se serait-il pas changé en son contraire, le protectionnisme, si Quesnay eût senti la production agricole du pays menacée par quelque concurrence étrangère ? En tout cas, il professe
hardiment dans ses « maximes » une politique des hauts prix : « Il
n'y a que le haut prix qui puisse procurer et maintenir l'opulence
et la population d'un royaume par le succès de l'agriculture. Voilà
l'alpha et l'oméga de la science économique ». Il y déclare encore :
« Abondance et non-valeur n'est pas richesse. Disette et cherté est
misère. Abondance et cherté est opulence ».

*
* *

Le libéralisme économique nécessaire dans l'état du royaume au
développement de cette opulence entraîne-t-il par symétrie un libéralisme politique ? Les Physiocrates veulent-ils qu'on prenne des
garanties méthodiques contre les interventions abusives de l'autorité ? C'est ici, on l'a justement remarqué, que les Physiocrates
diffèrent le plus nettement des philosophes-juristes, soucieux de
combiner des lois pour la défense du droit. Les contreforces à la
Montesquieu ne les séduisent pas plus que la volonté générale à la
Rousseau. Ils reconnaissent volontiers à l'autorité royale une sorte
de copropriété des terres, pour peu qu'elle sauvegarde la liberté
nécessaire à la propriété rurale. Ils ne sont pas persuadés que le
despotisme même fasse tant de mal ; l'essentiel est qu'il soit éclairé
par la science de l'agriculture. Le régime auquel ils réservent une
admiration particulière, c'est le régime chinois : l'Empereur n'y
met-il pas lui-même le soc de la charrue en terre ? C'est pourquoi
les Économistes, après avoir été en butte aux invectives de Mably,
devaient recevoir les compliments d'un des censeurs royaux, qui
serait M. Moreau, au dire de Weulersse. Il les félicitait d'avoir su,
« alors qu'une certaine philosophie s'était bien ouvertement déclarée pour les systèmes républicains... se décider pour le gouvernement d'un seul ».

Mais que cette sorte d'abdication ne fasse pas illusion. Si les éco-

Célestin Bouglé

nomistes accueillent sans inquiétude même l'idée du despotisme, c'est qu'ils ont mis toute leur confiance dans les lois de la nature qu'ils ont découvertes et que l'évidence impose même aux princes. À ce point de vue, il est à noter qu'ils n'abandonnent nullement l'idée du droit naturel chère au XVIIIème siècle. Seulement, si l'on peut dire, ils la plantent en terre. Ils font reposer l'ordre moral sur l'ordre physique, évidemment, disait Quesnay, le plus avantageux au genre humain. « C'est par les choses, avait déclaré de son côté Mirabeau, que les hommes sont gouvernés ». Formule qui ramène l'attention sur les réalités sensibles, sur les lois de la production et de la circulation des richesses. Les droits vitaux des hommes ne seront pas garantis si ces lois ne sont pas respectées. Or la première de ces lois est la liberté des transactions, qui implique la sauvegarde des propriétés. C'est pourquoi la principale requête de l'Économiste au Despote est qu'il se garde d'user, pour une intervention quelconque, de la copropriété théorique qu'on lui concède sur tous les biens de ses sujets. On répétait le mot de Quesnay : « si j'étais roi, je ne ferais rien ». Du moins posait-il de très étroites limites à l'action gouvernementale : l'autorité souveraine peut et doit instituer des lois contre le désordre bien démontré ; mais elle ne doit pas empiéter sur l'ordre naturel de la société. « Le jardinier doit ôter la mousse qui nuit à l'arbre, mais il doit éviter d'entamer l'écorce par laquelle cet arbre reçoit la sève qui le fait végéter ».

Dupont de Nemours était plus brutal, qui déclarait crûment : « si les ordonnances des souverains étaient contradictoires aux lois de l'ordre social, ce seraient des actes insensés qui ne seraient obligatoires pour personne ».

Ce qui revient à dire que les concessions des Physiocrates au « despotisme » n'entraînent nullement des concessions à l'étatisme. Bien loin de là. Leur foi dans l'ordre naturel est telle, qu'ils croient que le maximum de prospérité sera spontanément atteint pour peu que les hommes soient libres, et éclairés par la Physiocratie. En ce sens, M. Gurvitch, reprenant les indications d'Hector Denis, faisait justement observer qu'ils ont ouvert la voie à la distinction, si grosse de conséquences entre le monde de l'État, monde des contraintes et réglementations, et celui de la société civile où règnent les contrats et les échanges. On sait l'usage qu'a fait Hegel dans sa *Philosophie du droit* de cette distinction. On la retrouve-

Chapitre 2

ra sous des formes diverses chez un Saint-Simon, un Fourier, un Proudhon. Il est exact qu'elle est en germe dans la conception synthétique propre aux disciples de Quesnay et qu'on pourrait définir un libéralisme greffé sur un naturalisme.

Un libéralisme qui n'a d'ailleurs rien d'absolu. Les intérêts de l'agriculture le guident. Si ceux-ci étaient menacés, il serait prêt aux concessions. On a pu soutenir que dans l'ordre des relations extérieures, l'Économie physiocratique, si le prix du grain devait baisser par la concurrence étrangère, admettrait sans doute une marge de protectionnisme. A plus forte raison pour l'interventionnisme à l'intérieur de la nation. Les Physiocrates ne comptent pas seulement que l'État protègera les cultivateurs contre les « usurpations », attentats à la propriété, violences de toutes sortes dont ils pourraient être victimes. Ils espèrent qu'il organisera, à l'aide « d'instituteurs publics », l'instruction universelle à laquelle ils tiennent beaucoup. « Un État prétendu policé dans lequel on croirait pouvoir établir l'autorité sur une autre base que l'instruction universelle, ce ne serait qu'une pyramide qu'on voudrait bâtir la pointe en bas ». Bien plus, ils confient au pouvoir une troisième mission, l'Administration proprement dite : par où ils entendent toutes opérations destinées à rendre possible, à faciliter la culture de la terre ; non pas seulement entretien des routes, curage des fossés, mais défrichement, préparation de terres incultes et sauvages. Il y faudra des « avances souveraines ». Le Physiocrate consent à ce que l'État s'en charge. Si l'on ajoute que dans certains cas, selon Quesnay lui-même, il pourrait avoir à limiter le taux de l'intérêt, on conclura que leur libéralisme est bien loin d'exclure en tout et pour tout l'action du gouvernement.

*

* *

En est-ce assez pour conclure, comme dit M. Lichtenberger et à sa suite M. Gurvitch, qu'ils font eux aussi une part au socialisme ? Il faudrait l'entendre alors dans un sens très large. On devrait en tout cas se souvenir qu'aucune institution, aucune mesure, aucune réforme n'intéresse les Physiocrates que dans la mesure où

Célestin Bouglé

elle favorise l'agriculture. Deux pièces essentielles, caractéristiques du socialisme contemporain, manqueront toujours à leur système : l'apologie de l'industrie et celle de l'ouvrier. Bien plutôt fournissent-ils contre l'une et l'autre des arguments-massues. M. Weulersse les nomme justement : anti-industriels. Et si l'on ajoute à la méfiance que leur inspire l'industrie leur culte pour la propriété, on pourrait dire : anti-socialistes.

Il faut mettre à nu les raisons de ces sympathies et antipathies. Elles tiennent aux théories proprement économiques de Quesnay sur le produit net. Peut-être aussi plongent-elles jusqu'au cœur de sa philosophie. On se souvient qu'il était grand lecteur de Malebranche et que celui-ci refusait à l'homme tout pouvoir causal. « L'agronome » disciple de l'oratorien n'était-il pas ainsi préparé à abaisser le travail humain devant le don de la nature ?

Toujours est-il que lorsqu'il compare les différents ordres de dépenses –dans le fameux tableau en zigzag qui fit sa réputation- Quesnay pense établir que seules les dépenses consacrées à la culture sont productives. Dans ce cas seulement, le revenu se produit avec un surplus. Dans tous les autres cas, il est consommé sans produit net et comme volatilisé. La richesse qui naît du sol a le privilège de renaître perpétuellement d'elle-même comme le Phœnix. C'est que l'agriculture, comme disait Mirabeau, est une « manufacture d'institution divine où le fabricant a pour associé l'auteur de la nature ». Nous nous trouvons ici, comme l'observe très bien M.Weulersse encore, en face d'une sorte de déisme ou de panthéisme agraire. Parce qu'il est le collaborateur direct de la puissance divine, le laboureur est le nourricier de toute la nation. Et tant est grande la foi des Physiocrates dans la fécondité de cette création à chaque printemps renouvelée, qu'ils n'hésitent pas à proposer un système d'impôts qui porterait tout entier sur les possesseurs de terres, gardiens du seul revenu disponible.

En revanche, ils demandent que ceux-ci soient réhabilités, et même portés au pinacle, honorés en effet comme des pères nourriciers. « Que les laboureurs ne soient plus désormais placés dans la classe des citoyens dont les professions sont réputées viles et dégradantes », c'est le premier vœu de Quesnay. Le correspondant de la Société d'agriculture de Paris, de Bussy Saint-Georges, place ce vœu dans la bouche des paysans. Et il les fait parler avec une fermeté déjà menaçante : « Commencez donc par nous donner un état et nous faire traiter comme des hommes utiles, ce qui nous été refusé jusqu'à ce jour… faites sentir aux grands cette vérité dure mais importante : que par le secours de notre industrie, nous pouvons nous passer de vous ». Le marquis de Mirabeau dans l'*Ami des Hommes* avait déjà fait sentir, avec une sorte de solennité et comme s'il en était lui-même étonné et inquiet, les conséquences sociales de cette simple remarque. « Si tout vient de la terre, l'homme qui s'applique avec le plus grand succès à en tirer les productions est le premier homme de la société. Cela est effrayant à dire, mais le roi, le général d'armées, le ministre ne sauraient subsister sans l'agriculture et l'agriculture subsisterait sans eux ».

L'aboutissement de ces réflexions, c'est la prépondérance réclamée pour les classes qui cultivent la terre. Elles seules, à vrai dire, méritent le titre de productives. Les autres catégories de citoyens, que devait retenir un Sieyès ou un Saint-Simon, l'école de Quesnay les oublie ou les déprécie, les refoule méthodiquement dans les classes « stériles ».

Non pas seulement ceux qui vivent de revenus sans travail. La littérature socialiste, celle du XVIIIème siècle comme celle du XIXème, les dénonce comme des parasites. La Physiocratie n'y contredirait pas en principe. Elle est sévère pour les rentiers qui se laissent vivre sans rien faire de leurs dix doigts, sans aider à la culture de la terre. Saint-Simon les comparera à des frelons. Mirabeau les compare à des loups.

Mais les professions actives ? Le commerce ? L'industrie ? Faut-il donc les déclarer stériles ? Les Physiocrates n'hésitent pas à prononcer ce verdict. Les transporteurs de denrées et produits sont sans doute nécessaires. Mais il ne faut pas croire qu'ils créent la moindre richesse nouvelle. Sans quoi, ne suffirait-il pas, pour centupler leur valeur, de faire circuler les produits autour de la terre ? Les Physiocrates ne sont pas éloignés de penser que, pour les frais de cette circulation, les négociants prélèvent un péage abusif. Leur sévérité annonce ici celle de Fourier. « Les frais, les profits de toute façon, de toute voiture, de tout trafic, déclare Baudeau, sont évidemment une surcharge pour les producteurs et les consommateurs ». « Les marchands, écrit de son côté Mirabeau, se plaignent des Économistes et de l'audace qu'ils ont eue d'ébranler le trône de nuées que ces temps de prestige et d'illusion avaient élevé à la profession mercantile et à ses fournisseurs de main-d'œuvre ». Et Quesnay lui-même, rappelant qu'un État courait à la ruine s'il quittait la charrue pour devenir « voiturier », est prêt tout le premier à rabattre l'orgueil des intermédiaires : « La corde qui mène le seau chercher de l'eau au fond du puits ne produit pas l'eau : de même le commerce ne produit pas le prix ».

Mais l'industrie elle-même, qui façonne les matériaux et les transforme en produits utilisables, ne trouve pas grâce aux yeux des Physiocrates. Au fond, il ne leur déplairait pas de la réduire à la portion congrue. Sa grande affaire n'est-elle pas de multiplier surtout des produits de luxe, dont à la rigueur on pourrait se passer ? En tout cas, on a grand tort de s'imaginer qu'en encourageant des productions de ce genre – celle du bas de soie par exemple, à laquelle Quesnay consacre un mémoire- on augmente la richesse renouvelable de la nation. L'industrie transforme comme le commerce transporte. Mais ni l'un ni l'autre ne crée. Et c'est pourquoi on ne saurait admettre leurs collaborateurs dans le cercle d'honneur des classes productives.

Ceci est vrai non pas seulement du chef d'entreprise, mais de l'ouvrier et spécialement de l'ouvrier de manufacture. Il ne sort de ses mains, à vrai dire, aucune valeur nouvelle. Il absorbe pour s'entretenir la valeur de ce qu'il produit. « L'artisan détruit autant par sa subsistance qu'il produit par son travail ». « Le produit du travail de l'artisan ne vaut pas la dépense ». Pour finir, ce coup de massue : « La classe industrieuse aide à la production par sa dépense, mais cette dépense ne profite en cela que comme ferait celle d'un oisif qui vivrait d'une portion de revenu : l'oisif et l'ouvrier c'est tout un en ce genre ».

*

* *

Le XVIIIème siècle finissant nous ouvrait donc une voie directement contraire à celle où l'on s'engagera avec tant d'ardeur au XIXème. Apologie du travail de l'ouvrier d'usine créateur de toute richesse, ce sera le *leitmotiv* du socialisme, accompagnateur de la grande industrie, commentateur de ses conquêtes : le socialisme ne veut remédier au désordre de l'industrie que pour être bénéficiaire de son effort. Et l'on sait que ce lyrisme ouvriériste sera justifié par une théorie d'économiste, une « théorie de la valeur » dont Marx emprunte les éléments à Ricardo. Toute valeur est mesurée par le travail, disait celui-ci. Toute valeur, pour Marx, naît de la force de travail que l'ouvrier vend au patron. Nous sommes ici en pleine « ponocratie », aux antipodes de la physiocratie. La religion du travail, *ponos*, a remplacé le culte de la *phsis*, la nature productrice.

Il conviendrait d'ajouter un trait, pour bien mesurer à quelle distance du socialisme les Physiocrates nous entraînent : dans les classes rurales, c'est moins le journalier qui les intéresse que le propriétaire, et même le grand propriétaire, celui qui est capable d'obtenir le meilleur rendement de la terre en fournissant à la culture les capitaux dont elle a besoin. On répétait déjà que l'agriculture manquait de bras. Quesnay pourtant avait observé : « Ce sont moins les hommes que les richesses qu'il faut attirer dans les campagnes ». Et Baudeau plus directement répondait : « Des bras, des bras ? C'est précisément ce qu'il ne faut point encore à nos exploitations actuelles. Des avances, des avances, voilà ce qu'il faut à la terre, voilà ce qui manque aux vôtres. Des avances souveraines, des avances foncières, des avances mobilières d'exploitations productrices, qui épargnent les hommes au lieu de les multiplier. » Le même déclare que son idéal, c'est « un grand et fort atelier de culture sur de riches héritages ». Le mot est caractéristique et justifie la parole de Marx sur le système mi-féodal, mi-capitaliste élaboré par les Physiocrates. Leur idéal est bien le gentilhomme fermier, faisant valoir une terre assez grande pour qu'on y puisse tirer profit des perfectionnements de la technique agricole, rendus eux-mêmes applicables grâce aux capitaux qu'il aura avancés. En ce sens, c'est bien un capitalisme agraire qu'ils édifient, deux fois contraire, pourrait-on dire, au socialisme ouvrier.

*

* *

Anti-mercantiliste et anti-interventionniste, défenseurs de la

Célestin Bouglé

propriété rurale, gardant d'ailleurs des préférences pour la grande exploitation, mettant en tout cas à la première place dans la société les classes qui contribuent à la culture de la terre, seule source des richesses, tels nous sont apparus les Physiocrates. De leur pensée ainsi définie, que reste-t-il dans la France contemporaine ? S'en inspire-t-on encore ? Ou du moins, sans l'évoquer nommément, se trouve-t-il qu'on y reste fidèle ?

Le bilan d'idées que nous venons de dresser présente au moins un avantage : il remet sous nos yeux un large pan de réalité sociale française que pendant des années la littérature socialiste a comme oublié, ou tendu à nous faire oublier. Le marxisme est essentiellement un commentaire des progrès du machinisme dans l'usine. Il a partie liée avec l'industrialisme. Il prend son point d'appui sur les masses de prolétaires que la grande industrie concentre dans ses « nids de fabriques ». Il parle pour les ouvriers, accommode son programme à leur situation, envisage les modes d'action dont ils pourraient user, les mesures qui pourraient leur être favorables. Quant aux paysans, disséminés sur les terres qu'ils cultivent, et que souvent ils possèdent, ils rentraient moins aisément dans le cadre du *Manifeste Communiste* ou du *Capital*. C'est pourquoi on en eût fait volontiers abstraction. Tout au moins cherchait-on instinctivement à diminuer leur volume, à déprécier leur valeur. On semblait considérer les modes de vie et de travail qui leur sont propres comme choses accessoires, ou out au moins provisoires : grains de poussière qui n'empêcheraient pas la roue de la grande industrie de tourner, et, après avoir broyé tant de victimes, de broyer enfin le régime économique lui-même.

On semble s'être avisé, depuis quelques années, de ce qu'il y avait de paradoxal dans cet effort d'abstraction. En fait, l'évolution économique en France n'a pas obéi sur tous les points aux prédictions marxistes. Ni la concentration des industries, ni surtout celle des propriétés n'a marché aussi vite qu'on l'attendait . En tout cas la paysannerie a gardé chez nous la prépondérance. En ce sens, ce sont les Physiocrates qui ont été de bons prophètes. Leur vœu est pour une part accompli. L'agriculture est au premier plan de l'attention publique. De plus en plus nombreux sont les orateurs ou les écrivains qui se plaisent à rappeler à la France qu'elle est avant tout une puissance rurale. Non seulement les Ministres à la Chambre ou dans les Comices agricoles répètent volontiers, comme il est naturel, que l'agriculture est « l'armature solide et permanente de toute la nation » ; mais encore, pour faire comprendre le genre d'esprit caractéristique de la France, c'est sur l'empreinte paysanne qu'on insiste. M. Lucien Romier dans son *Explication de notre temps* serait ici en plein accord avec M. André Siegfried dans son *Tableau des partis politiques en France*. Et les observateurs étrangers – tel M. Sieburg - abondent plus facilement encore dans le même sens. « Paysans d'abord », ne dirait-on pas que c'est la devise souvent prêtée aux Français d'aujourd'hui ? Elle réjouirait le cœur du docteur « agronome » et de ses disciples.

Il va de soi pourtant que cette sorte de royauté est elle-même déclinante. Les ruraux n'occupent plus chez nous la place qu'ils y occupaient jadis. De décade en décade, si l'on compare leur nombre à celui des membres des autres classes, on le voit diminuer. La révolution industrielle dont M. Mantoux a magistralement étudié les formes et les conséquences est chose anglaise à l'origine. Mais on sait assez que le système anglais, comme on disait au début du XIXème siècle, a prospéré en France aussi. Chez nous aussi le machinisme a été appliqué au coton, à la laine, au lin, à la bonneterie, à la métallurgie.. Les nids de fabriques se sont multipliés. De grandes régions – la Lorraine, le Dauphiné entre autres - se sont constitué un équipement industriel qui ne le cède en rien à ceux de l'Allemagne ou de l'Angleterre. L'apport de la France en produits ouvrés ou semi-ouvrés va croissant.

Il n'est pas étonnant que cet élan, qui appelles les hommes vers les villes tentaculaires, ait entraîné une diminution, relativement parlant, de la population des campagnes. Deux chiffres permettent de mesurer ce mouvement : en 1845, la population urbaine ne comptait que pour 24 % dans la population totale de la France, en 1926, elles compte pour 49,1 %.

Les plateaux de la balance s'équilibrent presque. Alors qu'il y a quatre-vingts ans la population rurale étaient trois fois plus nombreuse que la population urbaine, les voici bientôt à égalité.

Le dénombrement de la population active effectué en 1926, dont les premiers résultats viennent seulement de paraître, permet de mesurer la rapidité de ces changements de proportion depuis la

Célestin Bouglé

guerre. L'agriculture, y compris les forêts, a perdu en cinq ans 821 275 travailleurs, tandis que l'industrie, y compris les mines, en a gagné 615 725, et le commerce 195 563. Au total, le groupe agricole, par rapport à 1921, a perdu près de 10 %.

Il reste, comme le remarque M. de Monicault au XII° Congrès de l'Agriculture française, que plus de la moitié des travailleurs français (agriculteurs ou auxiliaires de l'agriculture) dépendent du travail du sol, que l'ensemble de la production française agricole équivaut à 44 % des revenus globaux de la France, que la production totale de la sidérurgie, par exemple, n'atteint pas chez nous la valeur de la production totale du blé, ni la production totale des automobiles celle de la production totale de l'avoine. Ce qui permet de conclure qu'encore aujourd'hui l'agriculture conserve au moins autant de poids économique, en France, que l'industrie. C'est justement cet équilibre qui constitue l'une des originalités de notre pays.

*

* *

De cette constitution économique, quelles conséquences sociales découlent ? Pour le discerner, il faudrait établir d'abord quelle est, dans l'agriculture, la proportion des salariés et celle des possédants. Il ne semble pas qu'ici les prédictions de Marx – concentration et prolétarisation- se vérifient. Il assurait qu'on verrait « dans la sphère de l'agriculture, l'industrie agir plus révolutionnairement que partout ailleurs, en ce sens qu'elle fait disparaître le paysan, le rempart de l'ancienne société et lui substitue le salarié ». Mais sur de grandes longueurs, le rempart tient bon. Bien plutôt le type d'homme cher aux Physiocrates, celui du propriétaire rural, continue à l'emporter. Dans la rubrique forêts et agriculture, on trouve (sans compter les femmes) 2 452 777 chefs, 4262 employés, 1 684 785 ouvriers, 585 912 travailleurs isolés. Il y aurait donc encore quatre fois plus d'exploitants petits patrons que de véritables ouvriers agricoles.

Ces propriétaires cultivent-ils selon les méthodes que les Physiocrates voulaient encourager ? Arrondissent-ils leurs domaines, pratiquent-ils les remembrements nécessaires, de telle sorte que le rendement du sol puisse être augmenté par les perfectionnements de la technique, qui a toujours besoin d'une zone de travail assez large ? Ou au contraire la parcelle demeure-t-elle la règle ? Il est difficile de répondre avec précision sur ce point. La réponse varierait selon les régions et selon les cultures. Ce qui vaut pour la vigne, pour la betterave, ne vaut pas peut-être pour le blé ou le lin. Ce qui est vrai en Bretagne n'est pas vrai peut-être en Picardie.

Une chose est certaine, c'est qu'après la guerre, à l'heure où de toutes parts on escomptait une réorganisation plus rationnelle de la production, les inconvénients du morcellement des champs ayant paru plus graves que jamais, on a tenté des remembrement systématiques. On a essayé dans les départements recouvrés de constituer des lots plus larges que par le passé. Dans l'ensemble pourtant, le morcellement reste la règle. Les paysans, fort nombreux, qui ont acheté des terres au retour du front, ont rarement été à même de se tailler de vastes domaines.

Mais dans le monde rural, une force nouvelle est née, ou du moins a crû de façon inouïe, qui peut-être, par les avantages qu'elle assure aux petits cultivateurs, est capable de parer même au défaut du remembrement : celle de l'association. Les Physiocrates avaient-ils prévu l'ampleur qu'elle pouvait prendre et la variété des services qu'elle pouvait rendre ? Leur propagande est sans doute par elle-même une exhortation au groupement. Ils incitent les agriculteurs à prendre conscience, pour les défendre, des intérêts qui leur sont communs. C'est dire qu'ils devaient voir d'un œil favorable le développement des sociétés d'agriculture. Plusieurs étaient nées avant le succès des *Tableaux* du Docteur. Beaucoup se créèrent après. Les Physiocrates trouvèrent dans leurs membres des correspondants naturels, des informateurs précieux, des avocats tout désignés de la doctrine. Elles survécurent aux révolutions. Et leur tradition demeure au soubassement du Palais élevé par les Société des Agriculteurs de France. Mais il va de soi que le souvenir des Physiocrates, sous quelque forme qu'il ait survécu, n'a pas été le moteur unique, ni même le moteur principal du grand mouvement dont nous sommes témoins. En un temps où le souci d'un certain nombre d'intérêts communs suscitait tant de groupements de défense, les agriculteurs devaient être naturellement incités à user de la même

Célestin Bouglé

arme. Ils mirent à profit une loi qu'on n'avait pas forgée pour eux : la loi autorisant la création des syndicats fut avant tout, dans la pensée de ses auteurs, une loi ouvrière. On songeait aux prolétaires groupés dans les usines, et à leurs luttes pour le salaire. Les agriculteurs utilisèrent la permission. Ils créèrent des associations de type hybride, réunissant des attributs divers, mi-syndicats, mi-coopératives, dont la floraison fut sans doute, comme l'a justement remarqué M. de Rocquigny, un des événements capitaux de la fin du XIXème siècle. M. Michel Augé-Laribé, dans *Syndicats et Coopératives agricoles*, en a rassemblé des preuves frappantes. Le Bulletin du Ministère du Travail compte aujourd'hui plus de 9 000 syndicats agricoles, s'étendant à plus de 150 000 agriculteurs ; 9 000 fonctionnent comme des coopératives d'achat, près de 4 000 comme coopératives de production.

Depuis la guerre, on n'a pas vu seulement se multiplier, mais se coordonner les Associations de ce genre. Elles ont réussi à mettre sur pied une *Confédération Nationale des Associations agricoles* qui a son secrétariat permanent, qui en est à son XIIIº Congrès, et qui constitue une sorte de Parlement professionnel.

Ajoutons que, en dehors du groupe nombreux et puissant comprenant des députés de divers partis, qui s'est formé pour la défense des intérêts ruraux, on a vu récemment se constituer un parti agrarien qui entend envoyer au Parlement, en effaçant toutes couleurs politiques, des députés qui ne seraient rien autre chose que des représentants de l'agriculture et n'auraient d'autre mission que de faire entendre la « Voix de la Terre ».

Karl Marx semblait croire que les ruraux, manquant du coude à coude de l'usine, seraient à jamais incapables de se conquérir une conscience de classe ; et c'est pourquoi il les comparait dédaigneusement à un sac de pommes de terre. Bien d'autres observateurs d'ailleurs ont cru constater, chez le paysan français en particulier, un individualisme indéracinable. M. André Siegfried lui-même paraît céder à cette tradition. La formation des organes divers que nous venons de passer en revue prouve surabondamment que les socialistes ouvriéristes d'un côté, et les individualistes de l'autre, exagéraient l'impuissance des paysans à s'associer.

Ces groupements, malgré leur multiplicité, gardent un certain nombre de tendances communes. Ces tendances s'accordent-elles aussi avec la tradition physiocratique ?

Sur un premier point, nul doute. L'espèce de réhabilitation demandée par Quesnay et ses disciples, nos agriculteurs la réclament avec une énergie sans égale. M. Méline, dans *Le Retour à la Terre*, disait déjà de l'agriculture, en observant qu'elle était la première de nos industries : « Elle souffre toujours de son humilité d'autrefois ». M. Daniel Halévy, dans ses *Visites aux Paysans du Centre*, déclarait rencontrer toujours chez eux une sorte d'orgueil froissé, le sentiment amer d'être traités en citoyens de deuxième classe. Depuis la guerre, observe M. Romier, cet orgueil paysan s'est redressé. Conscients de leurs sacrifices, blessés aussi par ce qu'on disait de leurs bénéfices, les agriculteurs remarquent dans leurs Congrès que trop longtemps on a traité l'industrie comme une enfant privilégiée : ils entendent désormais parler non plus en inférieurs, mais en égaux.

Autre point de convergence : la question de l'enseignement. Nous avons vu l'intérêt qu'y attachaient les Physiocrates, et comment ils comptaient sur l'action d'instituteurs publics non pas seulement pour rendre leur doctrine populaire, mais pour répandre les connaissances techniques propres à améliorer le rendement de la culture. Les agriculteurs organisés reviennent sur ce problème. Ils cherchent (voir entre autres leur Congrès de Rouen) les moyens de faire collaborer leurs associations avec les instituteurs, et même de spécifier, pour le mieux adapter aux besoins de la culture, le programme des écoles rurales.

Mais de ce côté, on ne peut guère attendre que palliatifs, ou du moins redressements lents, produisant leurs effets à longue échéance. Pour maintenir la prospérité de l'agriculture, condition vitale de la santé de la France, il y a des mesures d'urgence qui s'imposent. Et depuis des années le monde rural sait quelles elles sont. Le protectionnisme est son espérance. Il s'agit avant tout d'empêcher le blé étranger, produit à meilleur compte, de concurrencer le blé français. Un effondrement des prix se produirait, qui risquerait, en désespérant les paysans, de vider les campagnes. Et ainsi la France perdrait, en même temps que le privilège de vivre de son sol, ces réserves de ruraux qui sont le meilleur de sa force.

Célestin Bouglé

L'argumentation est connue. Et il n'est pas douteux qu'elle paraît directement contraire au principe des Physiocrates, exactement exprimé dans la formule de Gournay : « Laissez faire, laissez passer ». Le premier article de leur *Credo* n'est-il pas l'abaissement de toutes barrières empêchant la circulation des grains ? Des barrières au contraire dont on puisse, selon l'état de la production en France, hausser ou baisser le niveau, de telle sorte que nos laboureurs soient toujours convenablement payés de leurs efforts, c'est ce que paraît demander chez nous le monde rural. Ses vœux sont ici aux antipodes de ceux du Docteur agronome.

N'abusons pas pourtant de cette antithèse trop facile. De plus d'une façon elle peut être atténuée. D'abord nous avons vu que le libéralisme des Physiocrates – il y a longtemps que leurs historiens, de M. Oncken à M. Truchy, l'ont fait observer - n'est peut-être pas un libéralisme de principe, un libéralisme intransigeant. Pas plus que M. Méline, il n'eût capitulé devant le grief du « pain cher ». De bonnes conditions de vie et de travail pour les agriculteurs qui font vivre toute la nation, c'est qu'il était préoccupé avant tout de sauvegarder. Si on lui eût montré ces conditions menacées par une concurrence étrangère, il est vraisemblable qu'il aurait changé de pavillon et, pour sauver l'épi, sacrifié la liberté.

Inversement il faut noter qu'ils sont de plus en plus nombreux parmi les leaders actuels de l'opinion agricole, ceux qui prennent à cœur de montrer aux cultivateurs qu'ils ont grand tort de se fier en tout et pour tout au protectionnisme. Au Congrès de l'agriculture française de 1930, M. Queuille présentait un rapport spécialement consacré à ce sujet : « Les moyens d'aider et de protéger l'agriculture autres que les droits de douane ».

Protestant contre ce qu'il appelait la mystique de la douane, et commentant à sa manière la fameuse parole : « le salut est en vous », il remarquait que si dans bien des cas on ne pouvait éviter, contre une concurrence massive des denrées à bas prix, la protection des tarifs ou même la protection administrative, d'autres remèdes, plus efficaces peut-être à la longue, étaient à envisager : « Instruction générale, enseignement technique, rechercher scientifique, défense collective contre les maladies et la fraude, coopération, crédit, assurances, mutualité, tarif de transport, tout cela qui n'est que commencé, qui est à perfectionner, pourrait avoir pour la protection des agriculteurs autant et plus d'efficacité que le tarif douanier ».

On voit que la mise en œuvre de cette politique agraire –qui voudrait n'avoir rien de commun avec la politique- suppose trois choses : entente avec les pays étrangers, aide de l'État, initiatives coordonnées des groupements ruraux. Veut-on établir quels sont, à ce triple point de vue, les progrès accomplis par notre agriculture et ceux qu'il lui reste à accomplir, on pourra se reporter au rapport présenté à la fin de 1930 au Conseil National économique par M. Augé-Laribé, secrétaire général de la Confédération nationale des associations agricoles. Pour remédier à l'instabilité des prix de vente et de revient des produits de la terre, pour éviter l'appauvrissement de certains marchés et l'engorgement de certains autres, pour fixer les contingents, pour utiliser les excédents accidentels ou normaux au profit des régions déficitaires, il faudrait que fussent constitués dans chaque pays des organismes régulateurs de la production, de la consommation intérieure et des échanges internationaux. Comment obtenir cette sorte de rationalisation ? En utilisant les coopératives de producteurs, abouchées avec les coopératives de consommateurs, et en plaçant leur action commune sous le contrôle de l'État, soutien et arbitre.

Par ce chemin ne risque-t-on pas de voir s'accroître de façon démesurée les attributions de l'État en matière économique ? On n'a pas manqué, dès la présentation du projet que nous résumons, d'exprimer cette inquiétude. Et il faut avouer que les mesures prises ou proposées depuis, - pour remédier à la mévente des vins, par exemple, - ne sont pas de nature à rassurer les partisans de l'ancien libéralisme. Ne va-t-on pas jusqu'à faire prévoir que le contingent de vignes que chaque viticulteur devrait planter ou conserver serait fixé par les pouvoirs publics ? Cette nouvelle politique agraire suppose une collaboration constante, sous les formes les plus variées, entre l'Administration et les Associations, celle-ci gérantes, celui-là contrôleur.

C'est du socialisme, dit-on, et qui nous conduit à cent lieues des positions défendues par les Physiocrates. Et il est très exact que le programme qu'on essaye actuellement d'appliquer est le contraire

Célestin Bouglé

du laissez-faire et ne semble nullement conforme à l'idéal de l'individualisme classique. Ce n'est pas à dire pour autant qu'il n'eût reçu que blâmes de Quesnay et de ses disciples. Nous avons vu que l'amélioration de la situation de l'agriculture leur importe avant tout ; peut-être eussent-ils dit : « Périssent les principes libéraux plutôt que l'agriculture française ». Il importe d'ajouter que ce programme « socialiste », vers lequel on semble se laisser entraîner par le souci de défendre le paysan, a peut de traits communs avec celui que le marxisme a rendu populaire : il n'est pas question ici de dictature du prolétariat ouvrier, ni de concentration de toutes les propriétés aux mains de l'État. Un « socialisme pour les paysans », si jamais il devait prendre forme, devrait faire toutes sortes de concessions aux libertés auxquelles le paysan est attaché, et d'abord au droit de propriété lui-même. En ce sens, les classes dont les Physiocrates ont été les meilleurs avocats, les classes rurales, continuent de peser d'un poids particulièrement lourd sur la politique et l'économie françaises. Lorsqu'on s'interroge sur les chances d'avenir du socialisme en France, on paraît trop souvent oublier ce détail : faute assez grave, que le souvenir des Physiocrates est de nature à nous éviter.

Chapitre 2

Chapitre III

Legs de la Révolution française
I. - Tiers-État et quatrième État

Que retiennent les hommes d'action, pendant la Révolution française, des théories élaborées par les penseurs du XVIIIème siècle
? En tirent-ils ou non des conséquences socialistes, et dans quelle
mesure ? Par suite ceux qui poussent la France d'aujourd'hui vers
le socialisme se retrancheraient-ils légitimement derrière le souvenir de la Révolution ? Ou au contraire est-ce à leurs adversaires
que celui-ci fournirait la meilleure base d'opérations pour une
contre-offensive ?

Quiconque veut entreprendre cette recherche risque de se heurter
aujourd'hui à une objection préalable, qui rencontre grande faveur
chez ceux-là mêmes que le socialisme intéresse le plus. N'est-ce pas
faire bien de l'honneur aux théories, à la philosophie, à l'idéologie
que de s'interroger sur le rôle qu'elles ont pu jouer dans le passé
comme sur celui qu'elles pourraient jouer dans le présent ? Il fut
un temps où on expliquait tout par la puissance des idées. Et on les
louait ou blâmait, suivant les points de vue, d'avoir engendré la Révolution. Le matérialisme historique est venu, qui, nous l'avons vu,
a changé tout cela. Le conflit des forces économiques produit les
changements profonds dans la structure des sociétés. Quant aux
débats d'idées, ils ne sont que jeux d'ombres sur la muraille. Les
idées sont des produits plus que des causes, ou tout au moins des
prétextes plus que des mobiles. La philosophie marxiste, retour-
nant le hégélianisme et lui, remettant les pieds sur la terre, nous a
habitués à. ce changement de plan.

Qu'on adhère ou non à ce système, une chose est certaine : c'est
que le progrès même des recherches historiques, appliquées à la
Révolution, semble avoir eu pour résultat, sinon de détrôner les
idées, du moins de les faire descendre de quelques degrés dans la
hiérarchie des causes. On n'en est plus à expliquer aujourd'hui,
comme au temps de Louis Blanc, les phases de la Révolution par
la prépondérance d'un penseur, puis d'un autre : Montesquieu

Célestin Bouglé

d'abord, Rousseau ensuite. On insiste plus volontiers sur les contingences économiques, sur la pression des besoins, sur les expérimentations qu'ils ont imposées aux législateurs. Le réalisme, ici aussi, a gagné du terrain.

Il ne viendra plus à la pensée de personne de contester ces acquisitions. Il est hors de doute que les recherches de la Commission d'études économiques de la Révolution, celles de M. Sagnac ou de M. Mathiez ont mis au jour toutes sortes de conjonctures économiques, intéressant la vie matérielle des peuples des villes ou des campagnes, dont les premiers historiens de la Révolution n'avaient pas tenu assez grand compte. Suivant la judicieuse remarque de M. Lefebvre, les dures expériences qu'a traversées l'Europe, pendant la guerre et depuis la guerre, nous mettent sans doute à même de comprendre, mieux que jamais, de quel poids pèse par exemple, sur l'orientation d'un peuple en crise, le problème des subsistances.

Au surplus, il est remarquable que les acteurs du drame eux-mêmes ont fait plus d'une fois allusion aux forces sous-jacentes par lesquelles ils se sentaient entraînés. Mirabeau le premier ne déclarait-il pas : « C'est au sentiment de nos maux plus qu'au progrès des lumières qu'est due la Révolution » ? Au cours de la Révolution elle-même, plus d'un membre des Assemblées a observé que l'expérience lui avait ouvert les yeux et fait comprendre la valeur des principes auxquels jusque-là il n'attribuait pas d'importance pratique. Lakanal louant Rousseau va jusqu'à dire : « C'est en quelque sorte la Révolution qui nous a expliqué le *Contrat social* ». Carnot déclarait de son côté : «On n'est pas révolutionnaire, on le devient ». Et Saint-Just : «La force des choses nous conduit peut-être à des résultats auxquels nous n'avions point pensé. » À en croire ces témoignages, bien des hommes d'action, au moment de la crise révolutionnaire, seraient allés des expériences aux théories, plutôt que des théories aux expériences.

Ils jugeaient pourtant les théories utiles, et louaient ceux qui les avaient élaborées, et portaient solennellement au Panthéon les cendres des grands penseurs, émancipateurs de la Nation. C'est sans doute qu'ils se rendaient compte que les théories, en même temps que des points d'orientation pour l'action des législateurs, fournissent des centres de ralliement pour les sentiments collectifs intenses. Au milieu même de l'effervescence révolutionnaire, elles

Chapitre III

offraient comme une charpente intellectuelle, sur laquelle on était heureux de s'appuyer. Karl Marx relevant, non sans ironie, tout l'attirail antique dont les révolutionnaires de ce temps-là aimaient à s'entourer - faisceaux de licteurs, robes de sénateurs, chaises curules - observe que des ombres romaines veillèrent sur le berceau de la Révolution. Elles ne furent pas là seulement pour le décor. En les évoquant, ne-pensait-on pas communiquer, au géant dans son berceau, une force venue de loin ? Ce que nous disons des conceptions grecques ou romaines, à plus forte raison faudrait-il le répéter de celles qui venaient d'être élaborées en France. Les hommes de la Révolution, en raison même des difficultés de toutes sortes qu'ils rencontraient, étaient naturellement amenés à puiser dans les «avances d'idées» préparées par les philosophes.

Dans une pétition lancée à la veille de la convocation des États par les étudiants de Nantes, les signataires déclaraient s'appuyer sur le « sentiment de leurs forces », mais en même temps vouloir « jouir des fruits de la philosophie du XVIIIème siècle ». Ils prenaient donc des deux mains, jouaient des deux cordes, la réaliste et l'idéaliste. Il est probable que la plupart des hommes de la Révolution partageaient ce même état d'esprit synthétique. Les doctrines, si elles ne possèdent pas à leurs yeux valeur de forces créatrices, leur apparaissent du moins comme des intermédiaires indispensables. Langage si l'on veut, le langage des principes leur est cher parce qu'il, leur paraît utile. Et l'histoire n'a pas le droit de faire abstraction des effets qu'ils en ont tirés.

*

* *

Seulement, des « avances d'idées » constituées par le XVIIIème siècle il est possible en effet de tirer plus d'une mouture. En ce sens l'idéologie de la Révolution, si elle ne manqua pas totalement d'efficacité, va peut-être manquer totalement d'unité. Par tant de discours, de brochures, d'articles se sont exprimées des pensées souvent contradictoires : ne risque-t-on pas de trouver, dans ce fouillis, de quoi justifier des thèses fort diverses, les unes pour, les autres contre la propriété, les unes pour, les autres contre le socia-

Célestin Bouglé

lisme ?

Il ne nous est pas interdit pourtant, en fonction du sujet qui nous occupe, de discerner des tendances-maîtresses, les unes dominant plutôt dans la première partie de la Révolution, les autres dans la seconde. Nous chercherons l'expression des unes chez les :avocats du Tiers-État, par exemple un Sieyès, un Rabaut Saint-Étienne, un Barnave, celle des autres chez les avocats du quatrième État (le mot fut employé dès le début de la Révolution) par exemple un Dolivier, un Lange, un Roux, continuant l'action et développant la pensée de Robespierre ou de Marat.

Les doctrines que les uns et les autres développent seront-elles donc antithétiques ? Et nous faudra-t-il aller jusqu'à accorder que les premières tendent à formuler le programme d'une bourgeoisie individualiste, les autres celui d'un prolétariat socialiste ? La simplification serait excessive, nous le verrons : des concepts comme ceux de bourgeoisie individualiste ou, de prolétariat socialiste, bons peut-être pour l'époque contemporaine, ne conviennent guère aux réalités économiques et sociales du temps de la Révolution. Mais il va de soi que les théoriciens qui parlent plus haut dans la deuxième phase, ceux que nous appelons les avocats du quatrième État, nous rapprocheront beaucoup plus que les premiers des conceptions que l'on peut en effet appeler socialistes.

*

* *

L'auteur de *Qu'est-ce que le Tiers-État ?* ne dédaigne certes pas, nous l'avons vu, d'évoquer le droit naturel. Il démontre la nécessité de faire établir des lois fondamentales de d'État par un pouvoir constituant. Il eût sans doute répété volontiers, avec Rabaut Saint-Étienne, « notre histoire n'est pas notre Code », et dédaigneusement refoulé dans le passé ceux qui crient à l'hérésie en dénonçant l'innovation. Les avocats du Tiers savent que le moment est venu d'innover, d'agir par principes, aucun appel aux précédents ne pouvant tirer la nation d'affaire. Et ils laissent percer l'irritation qu'ils éprouvent devant les argumentations d'historiens, dont on a usé et abusé en la matière, jusqu'à la veille de la Révolution.

Chapitre III

Qu'on ne croie pas pour autant que les avocats du Tiers méprisent toute l'histoire. Ils savent fort bien y discerner un certain nombre de faits sur lesquels peuvent s'appuyer les revendications de leur ordre : et ce sont justement des faits économiques. Ils ne se contentent pas de remarquer que Philippe le Bel a créé de bonnes villes, dont les citoyens furent nantis de droits qui devaient être respectés. D'une façon plus générale, c'est toute la puissance matérielle des hommes des Communes qu'ils évoquent, puissance matérielle elle-même liée à une puissance intellectuelle croissante, et attestant en conséquence la valeur supérieure d'une classe : sa force économique lui crée un droit. On voit ici s'annoncer la thèse qui rattache le mouvement révolutionnaire au mouvement communal. Thèse de grand avenir on la retrouvera développée chez Augustin Thierry, ou chez Auguste Comte, et d'abord chez Saint-Simon lui-même, qui voit dans les industriels non seulement les descendants des Gaulois brimés par les Francs, mais les héritiers des artisans et commerçants des Communes. Le décor est donc dominé ici par les beffrois des Communes comme il l'était, chez les apologistes de la noblesse, par les forêts de Franconie. Mais le plus remarquable, c'est qu'on demande non plus à une idéologie abstraite, mais à une histoire économique, la clef de la Révolution elle-même.

Le penseur chez qui cette interprétation a trouvé son expression la plus nette, c'est peut-être Barnave. Et Jaurès n'exagère pas lorsqu'il remarque qu'un premier croquis du matérialisme historique est esquissé par l'auteur de l'*Introduction à la Révolution française*, qui représentait à la Constituante une des provinces les plus industrielles d'alors, le Dauphiné. Barnave y dit formellement qu'une nouvelle distribution de la richesse produit une nouvelle distribution du pouvoir. Et. il remarque que si la Révolution en France a été possible, c'est. qu'à côté de la propriété foncière, la propriété mobilière avait pris un grand essor : « De même que la possession des terres a élevé l'aristocratie, la propriété industrielle élève le pouvoir du peuple ».

Ce peuple, dont Barnave montre que la situation légitime les ambitions, est composé de l'ensemble des « actifs », de ceux qui produisent les choses nécessaires à la vie de la nation. On y distingue sans doute des catégories, mais non des classes. Jaurès remarque que si Barnave nomme les ouvriers, c'est pour les confondre aussitôt avec les commerçants. Il est vrai que le même Barnave ajoute que les non-propriétaires pourraient bien constituer une classe dangereuse, « remuante et corrompue ». Mais ce n'est qu'un jugement de moraliste jeté en passant. Et l'auteur est bien loin de croire les non-propriétaires capables de fomenter une révolution. Si d'ailleurs il signale en effet un antagonisme croissant entre propriétaires industriels et propriétaires fonciers, il ne tente nullement la même démonstration pour les rapports entre possédants et salariés.

Sieyès embrasse dans le Tiers, à côté des paysans et des ouvriers, les marchands, les membres des professions libérales, les fonctionnaires. Il les voit et les veut solidaires, formant un bloc. Pas de strates dans ce bloc, pas de délimitation ici entre privilégiés et déshérités. Sieyès reconnaît, à vrai dire, qu'entre les catégories qu'il nomme, les intérêts peuvent différer. Mais il est permis, il est recommandé de faire abstraction de ces différences dans la guerre pour le droit, que le Tiers doit mener indivis.

A quoi tend surtout cette guerre ? A changer moins le régime de la propriété que les modes de l'autorité. Pour la propriété, on suit la doctrine des Physiocrates ; on l'inscrit dans la Déclaration des Droits de l'Homme, on reconnaît à l'individu un droit de posséder inviolable et sacré. Pour l'autorité, on tire les conséquences des campagnes des Philosophes. On rappelle que l'État n'est point son but à lui-même ; son devoir est de respecter et de faire respecter les droits égaux de tous. Comment donner le contrôle à la majorité, et comment donner des garanties à l'individu ? C'est à ce double problème que s'attaquèrent avant tout les guides du Tiers-État. En ce sens ils méritent bien cette épithète de légistes que leur lançait dédaigneusement Saint-Simon l'industrialiste. Et l'on peut dire, en effet, de la période de la Révolution où leur influence domine, qu'elle est avant tout une révolution de juristes.

Cette Révolution proclame, disions-nous, le principe de la propriété privée. A ce point de vue, elle est conservatrice. Et cependant elle introduit dans l'ordre économique des changements de grande conséquence, les plus graves peut-être que notre histoire ait enregistrés. Elle libère les champs des charges que faisait peser sur eux le système féodal, elle divise les domaines des nobles et du clergé, elle intronise en leur lieu et place une foule de petits pro-

Chapitre III

priétaires. Maint cahier du Tiers avait respectueusement demandé cet affranchissement, et depuis la convocation des États Généraux, les paysans, fourches en mains, prêts à brûler châteaux et terriers, l'avaient exigé impérieusement.

Ce fut le principal souci des Assemblées révolutionnaires de leur donner satisfaction. La Législative, puis la Convention achèvent l'œuvre que la nuit du 4 Août avait commencée. Après les décrets qu'elles promulguent, le paysan désormais, remarque M. Sagnac, peut devenir, gratuitement, propriétaire libre et absolu de la terre.

Et sans doute ce n'est pas toujours le paysan qui reste le propriétaire définitif. Beaucoup de bourgeois se portent acquéreurs de biens nationaux. Et il y a des régions où de grands propriétaires fonciers conservent de vastes domaines. Mais dans l'ensemble, une révolution économique est accomplie au profit du cultivateur. On peut dire que la France, dès la fin du XVIIIème siècle, réussit l'opération tentée à la fin de la dernière guerre par plus d'un pays dans l'Europe centrale et orientale : elle libère et elle divise le sol ; elle crée les conditions nécessaires à la formation d'une démocratie rurale, d'une démocratie de propriétaires terriens.

Ce qui ne veut pas dire pour autant que le socialisme ne gagne rien à l'opération. Il y gagne le souvenir d'un précédent qu'il lui sera loisible d'invoquer, après les transpositions nécessaires. Un « colossal transfert de propriétés a eu lieu ». Une classe a été comme expropriée, finalement, au bénéfice d'une autre. Le principe de la propriété, qu'on veut sauvegarder, en est du même coup ébranlé. Des titres ont été jetés au feu, des biens mis à l'encan sans l'aveu de leurs propriétaires. Le partage des domaines, l'individualisation des biens ruraux, l'un des plus clairs résultats de la Révolution, a été précédé d'une socialisation de principe : il y a un moment où l'on voit la Nation, utilisant une sorte de droit éminent, remanier la carte des propriétés au profit d'une catégorie de citoyens qui, longtemps opprimés, entendent devenir leurs maîtres.

*

* *

Mais la Révolution française devait ouvrir d'autres voies, et plus

Célestin Bouglé

directes, au socialisme. Elle entend des revendications qu'on peut déjà appeler prolétariennes. Et sous l'impulsion de la plèbe des villes, qui parle de plus en plus haut, gémit de plus en plus fort à mesure que sa misère devient plus cruelle, elle voit contester jusqu'à ce droit de propriété qu'elle sentait en harmonie avec le vœu profond du peuple paysan.

Il ne s'agit pas, bien entendu, de revendications proprement ouvrières. Les ouvriers ne pèsent pas d'un poids assez lourd, alors, dans l'économie générale de la Nation pour qu'ils suscitent et guident un mouvement d'idées. On a noté déjà (M. Roger Picard, dans une étude sur *Les cahiers de 89 et la classe ouvrière*) la petite place que tiennent, dans les doléances populaires à la veille de la Révolution, les questions de salaire et de chômage. Pendant la Révolution elle-même, M. Jaffé, étudiant *Le mouvement ouvrier à Paris*, ne relève guère que quelques pétitions, de charpentiers, de maçons, réclamant le droit de s'associer ou faisant observer que les Droits de l'Homme devraient comprendre le droit à la vie.

Mais à défaut d'une classe ouvrière, une plèbe urbaine s'agite dont les Assemblées ne peuvent manquer de subir la pression. Aux « pauvres journaliers, ordre sacré des infortunés », que Dufourny de Villiers présente comme constituant le quatrième ordre, s'ajoute la foule bigarrée des. petites gens, artisans., boutiquiers, qui veulent exercer leur part de puissance politique pour remédier à la gêne économique qui les étreint. Déjà, au moment de la convocation des États généraux, lorsqu'on avait discuté sur le mode d'élection et le taux du cens, des protestations isolées s'étaient fait entendre : les non-propriétaires aussi avaient leur mot à dire, ne leur donnerait-on pas voix au chapitre ? De mois en mois, quand les faubourgs, lançant l'émeute sur les Assemblées, constatent la force dont ils disposent, quand ils voient d'autre part les vivres manquer, les prix monter, ces protestations se font plus véhémentes, plus insolentes.

La masse se sent plus redoutable dans le même temps qu'elle se sent plus dénuée. Il est donc naturel qu'elle trouve des avocats qui parlent avec une autorité croissante. C'est alors que se spécifie la notion de peuple. Ce n'est plus à tout le monde que le mot s'applique. On tend à le réserver à ceux qui peinent. Pour Robespierre, le peuple c'est cette classe immense et laborieuse que n'ont pas

Chapitre III

atteint les causes de dépravation qui perdent ce qu'on appelle les classes supérieures. Marat dira plus volontiers le petit peuple. Et il déclarera : « c'est le petit peuple qui a fait la Révolution ». Les brochures de Dolivier, de Lange, de Roux ressassent ces thèmes. Ils deviennent monnaie courante dans les Clubs et les Comités. Ils servent à justifier les mesures de rationnement, de réquisition que le Comité de salut public est amené à imposer, lorsque la France devient un camp retranché.

Mesures de circonstance ? Sans doute. Mais elles ne vont pas sans suggérer un travail de redressement théorique, et qui remonte jusqu'au principe du droit de propriété. On sait que Robespierre ne le présente plus comme un droit naturel, mais comme un droit consenti, et au besoin limitable par la société : lorsque l'intérêt de la masse paraîtra l'exiger, pourquoi ce droit ne serait-il pas soumis à des restrictions de plus en plus dures ? Consacrée par les Physiocrates, qui pensaient surtout aux ruraux, la propriété est menacée jusque dans son principe par les révolutionnaires, qui pensent surtout à la plèbe travailleuse et misérable des villes.

Dès que ce mouvement de réflexion est commencé, Pétion a bien raison de se lamenter sur la division du Tiers-État. Une idéologie nouvelle est en train de naître, à l'usage du quatrième État, et celle-là conduit en effet à des conceptions spécifiquement socialistes.

*

* *

La fleur rouge qui éclate au bout de cette tige, c'est le Babouvisme. La doctrine élaborée par l'ancien commissaire aux terriers, pour animer et orienter les conjurés qu'il rencontre à la Société du Panthéon, présente vraiment les caractères d'un résumé synthétique en même temps que d'un avant-projet : on y trouve mêlé au souvenir des théories du XVIIIème siècle celui des expériences de la Révolution, et, à côté d'un plan d'action insurrectionnelle, un plan d'organisation communiste.

Les Babouvistes arrêtés le 21 Floréal an III sont restés, pour une bonne part de l'opinion avancée, les conspirateurs-types. Les papiers cités lors du grand procès des 64 à Vendôme montrent avec

Célestin Bouglé

quelle minutie méthodique ils avaient préparé leur coup de main. Proclamations, guidons, chansons, distribution de rôles entre les patriotes «bons pour administrer et révolutionner, au sein d'un Directoire secret », recherche des femmes capables de « pérorer » les soldats en leur portant des couronnes, tout est prêt pour une « Vendée plébéienne ».

La conjuration échoue. Mais la volonté d'aboutir avec laquelle elle avait été ourdie frappe les imaginations des révoltés hommes d'action. Grâce à l'*Histoire de la Conspiration pour l'Égalité, dite de Babeuf* (c'est le titre du livre que Buonarroti publie en 1828), le Babouvisme devient et demeure, tout le long du siècle, comme le signe de ralliement des insurgés.

L'insurrection n'est pourtant aux yeux de Babeuf .qu'un prologue. Et c'est le drame entier qu'il voulait écrire. Il entendait. fournir à ses contemporains tout le nécessaire pour redresser une Révolution qui, après tant de promesses, leur avait apporté tant de déceptions. Faire œuvre positive, constructive, c'était l'ambition qui l'avait soutenu dans une vie pleine de travaux et de combats.

Pour cela, d'abord remettre en honneur les principes que trop d'hommes de la Révolution, enclins aux compromis faciles, paraissaient avoir oubliés. C'est à quoi devait servir la philosophie du XVIIIème siècle. Elle fournit leur musique aux Babouvistes. Littéralement, puisque, pour le réveil, ils avaient composé des chansons où la nature était invoquée et l'égalité proclamée. Ce n'était donc pas sans raison que Babeuf, appelant son fils Émile, recopiait des passages de Rousseau, répétait celui où il est dit : « Vous êtes perdus si vous oubliez que les fruits sont à tous et que la terre n'est à personne ». Le babouviste partage d'ailleurs les défiances des amis de la nature à l'égard de la civilisation : par cela même qu'elle raffine et complique nos moyens d'action, ne risque-t-elle pas d'aggraver l'inégalité ? Comme Rousseau, le Babouviste a en principe horreur des grandes villes. Ses préférences iraient à la vie agricole. Spartiate plutôt qu'Athénien - pour reprendre l'antithèse, familière aux hommes de la Révolution, que signale Buonarroti - il préférerait à l'opulence monopolisée par une minorité l'égalité du brouet noir. Et c'est sans doute à ce trait que pensaient Marx et Engels lorsque, dans le *Manifeste Communiste*, ils dénonçaient, comme d'essence réactionnaire, la littérature révolutionnaire qui enseigne, en même

Chapitre III

temps qu'un égalitarisme: grossier, un ascétisme universel.

Il faut noter que ce souci de la vertu, à la mode de Rousseau en effet, n'empêche pas les Babouvistes - Buonarroti en particulier - de reconnaître le rôle utile joué par le commerce et l'industrie : le commerce et l'industrie ont été aussi, en un sens, les licteurs de la liberté. La richesse acquise a été, aux mains des membres des Communes, des artisans et commerçants du Tiers, un moyen d'émancipation dont toute la nation devait profiter. D'autre part, les grandes villes, foyers de corruption, sont naturellement des foyers d'agitation. Les Babouvistes auraient été prêts à défendre Paris. Ils pressentent le rôle d'avant-garde que doit jouer la plèbe des grandes villes. Ils vont même jusqu'à admettre l'utilité des souffrances qu'elle endure. La détresse du peuple n'est-elle pas la démonstration la plus sensible des méfaits de l'inégalité? Aussi les échecs mêmes de la Révolution, les misères qu'elle a aggravées peuvent servir la cause de la Révolution de demain qui tendra, par une méthodique réorganisation de l'ordre économique, à l'égalité réelle.

D'ailleurs, cette même Révolution d'hier ne nous a-t-elle pas montré, à côté du mal, le remède possible ? La France étant devenue un camp retranché, un atelier de guerre, n'a-t-on pas su, dans le danger commun, imposer des sacrifices aux privilégiés, fournir des subsistances aux déshérités, n'a-t-on pas rationné, réquisitionné, établi des maximums, constitué des greniers d'abondance ? La généralisation de ces mesures, c'est d'abord ce que demande le Babouvisme : qu'on fasse pour la nation, dans la paix, ce qu'on a fait accidentellement pour la nation dans la guerre. Telle est la marge d'expérience où ses adeptes prennent leur meilleur point d'appui pour le système déjà collectiviste qu'ils se proposaient d'essayer. Pour défendre, non seulement les ouvriers des villes, mais l'innombrable phalange des opprimés, travaillons, disaient-ils avec un sombre lyrisme, « à rendre l'or plus onéreux que le sable et les pierres ». En conséquence, confiscation des biens des émigrés, des fonctionnaires enrichis, des propriétaires négligents, abolition de l'héritage, exploitation en commun par tous les membres valides de la société, répartition des travaux, concentration des denrées et produits dans des magasins publics, d'où ils seraient distribués entre les régions : le modèle de tous les plans collectivistes est ici

Célestin Bouglé

esquissé à larges traits.

Et cette fois le doute n'est plus possible : à cette extrémité, la Révolution française mène au socialisme.

Les avocats du Tiers-État ne songeaient guère qu'à établir un régime d'égalité juridique qui, s'il se prêtait au transfert des propriétés entre les mains des paysans, laissait intact le principe même de la propriété.

Le Babouvisme en fait bon marché parce qu'il veut avant tout l'égalité économique intégrale, - l'égalité ou la mort.

Chapitre III

Chapitre IV

Legs de la révolution française (suite)
II. - Libéraux, radicaux, socialistes

Nous avons essayé de préciser les tendances diverses qui se dégagent du tumulte de la Révolution française. En particulier, pour décider si elle conduit ou non au socialisme, nous avons rappelé qu'il fallait y distinguer des équipes et des moments. Il reste à nous demander dans quelle mesure ces souvenirs demeurent chez nous vivants et agissants, et si on les retrouve dans les programmes des partis politiques d'aujourd'hui.

Que d'une façon générale les souvenirs de la Révolution aient longtemps conservé en France un grand prestige, cela n'est pas douteux : ils font partie intégrante de la tradition nationale ; pour beaucoup d'esprits on dirait qu'ils la constituent tout entière. Cette toile de fond sur laquelle se déroulent tant de scènes pathétiques, exaltantes ou terrifiantes, les empêche de remonter à notre ancien régime, à un passé que volontiers, comme Sieyès, ils appelleraient le temps des absurdités gothiques. Du moins voient-ils dans la Déclaration des Droits de l'Homme le plus pur produit de l'esprit français, la fleur de notre histoire.

Cette attitude elle-même, à vrai dire, a mis quelque temps à se généraliser. Pendant de longues années après la Révolution, ceux mêmes qui auraient voulu sauver le plus possible de ses principes n'osaient guère l'invoquer tout haut : elle inspirait, semblait-il, une sorte d'horreur sacrée. On se souvient de la définition qu'en donne Lamartine : « Saints vœux, vaines utopies, moyens atroces ». Le mieux que pouvaient faire ses partisans, c'était de jeter un voile sur ses excès et ses désordres, de laisser oublier la guillotine et l'assignat.

Mais l'opposition qui se dresse contre la Restauration ne peut s'en tenir, vis-à-vis de la Révolution, à cette tactique de silence. Elle ne peut négliger la force que donnent à ceux qu'elle réunit dans les clubs ou dans les sociétés secrètes tant d'images dramatiques. Entre 1820 et 1840 les histoires de la Révolution se multiplient.

La chaîne se renoue. Après les journées de 1830, la République peut être escamotée, l'idée révolutionnaire est réveillée. Elle anime des Sociétés comme celle des *Droits de l'Homme* ou des *Amis du Peuple*. Après avoir assisté à l'une de leurs séances, Henri Heine disait avec une malice avertie : « La réunion avait l'odeur d'un vieil exemplaire sale, gras et usé du *Moniteur* de 1793 ».

Un examen attentif des thèmes de la propagande républicaine au début de la Monarchie de Juillet - comme celui qu'a entrepris M. Perreux - non seulement dans les réunions de clubs, mais dans les articles de journaux, non seulement à Paris, mais en province, révèle le grand usage que font les opposants, bientôt conspirateurs, des évocations révolutionnaires. Le « jacobinisme d'imagination » comme disait François de Corcelle, joue un rôle de premier plan au manège Pellier, baptisé le « Jeu de Paume de la Révolution nouvelle ». La définition robespierriste de la propriété, en particulier, est abondamment commentée. Car elle paraît permettre de jeter un pont entre les souvenirs de 93 et les aspirations socialistes. C'est justement ce pont que la Révolution de 1848, à ses débuts, s'occupe à bâtir fiévreusement. Et là encore, ainsi qu'on le voit clairement non seulement dans des manifestes comme ceux de Louis Blanc ou de Victor Considérant, mais jusque dans les noms de journaux qui sont autant de revenants - *Le Nouveau Cordelier, Le Père Duchêne, L'Ami du Peuple* - ou dans les titres des groupes politiques comme la « Montagne », on invoque la première, la grande Révolution, on répète qu'il s'agit de la continuer, de l'achever, de remplir son vœu logique, en allant de la réforme politique à la réforme sociale.

Après le Second Empire, qui efface des murailles la devise *Liberté, Égalité, Fraternité*, et qui interdit le chant de la *Marseillaise*, quand l'heure de la République revient, c'est encore sous les auspices de la Révolution que se placent, pour s'entendre et concerter leurs efforts, les hommes qui s'apprêtent à prendre le pouvoir.

Jules Simon, définissant la *Politique radicale*, avait répété dans ses conférences populaires qu'il était un homme de 89. Le programme de Belleville, en 1869, est rédigé sous la forme d'un Cahier qui veut rappeler les Cahiers du Tiers-État, et Gambetta en l'acceptant de ses électeurs déclare : « Cette méthode me paraît conforme au

Chapitre IV

droit et à la tradition des premiers jours de la Révolution ». Au 4
Septembre d'ailleurs, lorsqu'il veut apaiser le peuple envahissant le
Palais-Bourbon, il ne manque pas de dire, sentant bien que l'idée
séculaire hante la masse et lui communique son élan : « C'est un représentant de la Révolution qui vous parle ». Et plus tard, en 1881,
quand Clémenceau éprouve le besoin de mener à la bataille un
groupe radical-socialiste plus ardent à soutenir les revendications
populaires, c'est à la tradition de la Montagne qu'il se rattache. Il
invite ses électeurs à « préparer la grande transformation sociale
qui sera le couronnement de la Révolution française ». Et bientôt
il demandera impérieusement aux Républicains d'accepter la Révolution comme un « Bloc ». Plus près de nous, Ferdinand Buisson, cherchant les caractéristiques du Parti républicain radical et
radical-socialiste, lui assigne comme ambition de continuer l'effort
de la Première République et d'appliquer aux réalités actuelles les
principes des Droits de l'Homme. Il est vraisemblable, d'ailleurs,
que ces évocations historiques ont éveillé, même de nos jours,
plus d'une vocation politique. M. Herriot, racontant comment il
est devenu radical-socialiste, rappelle que plus d'une fois dans sa
jeunesse il a rencontré, il a vu surgir le génie de la Révolution : c'est
la tombe d'un Conventionnel qu'on lui montre dans son village,
c'est la .lutte des Chouans et des Républicains qu'on lui commente
dans le Bocage vendéen, c'est enfin, à l'École Normale, à l'âge où
l'on dévore les philosophes, l'appréciation de Hegel lui-même : «Le
bain de la Révolution a débarrassé la nation française de beaucoup d'institutions que l'esprit humain avait dépassées; ainsi, l'on
use ses souliers d'enfants ». Beaucoup d'autres sans doute, parmi
les hommes de gauche, pourraient témoigner avoir subi des influences analogues.

Mais il serait injuste d'en laisser le monopole à ceux qui travaillent
à jeter un pont, comme nous disions, entre la République et le socialisme : beaucoup, parmi ceux qui veulent creuser le fossé ou
élever la barrière entre elle et lui, maintiendraient leur droit de
faire appel au même stock de souvenirs. A vrai dire la majorité
des conservateurs aujourd'hui, du moins dans les cercles intellectuels, paraît avoir pris le parti de dénoncer comme l'auteur de tous
nos maux l'esprit de la Révolution. On se souvient des sévérités de
Renan méditant après la défaite de 1870 sur la *Réforme intellec-*

Célestin Bouglé

tuelle et morale : « La France expie aujourd'hui la Révolution » ; ou encore : « L'expérience manquée de la Révolution nous a guéris de la foi dans la raison ». Taine faisait chorus, avec la véhémence que l'on sait, dans le volume qu'il consacre à la Révolution : il n'y voit guère qu'une orgie d'instincts bestiaux déchaînés par une débauche d'idéologie. Taine et Renan ont eu beaucoup de continuateurs. On assure qu'il est rare de trouver désormais dans les salons un homme de lettres notoire qui ose se réclamer des principes de 89. La plupart des princes de la littérature sont « bien pensants ». Ce qui veut dire d'abord qu'ils admettraient avec M. Paul Bourget que la Révolution fut « l'erreur française par excellence » : ils sont d'accord qu'il faudrait, pour réorganiser la France, remettre d'abord à la chaîne la meute des « libertés » qui se sont ruées sur ses traditions.

Mais il se rencontre, plus près de l'action politique, des conservateurs d'une autre espèce : ceux qui souhaiteraient de maintenir, en matière économique, le statu quo, sans admettre pour autant, en matière politique, la nécessité de rétrograder, d'abandonner les libertés conquises.

Ceux-là se déclarent partisans d'un libéralisme à la fois politique et économique, et cherchent, dans l'individualisme invoqué par la Révolution française, de quoi inhiber toute tendance socialiste. N'a-t-elle pas prétendu libérer de toute entrave l'activité professionnelle aussi bien que l'activité intellectuelle des individus ? Les Physiocrates, dont elle s'inspire jusque dans la *Déclaration des Droits*, n'ont-ils pas réclamé le laissez-faire en même temps que le respect de la propriété privée ? Qu'on permette donc aux citoyens d'exprimer leurs opinions, que même ils se réunissent pour les défendre, et traduire leur volonté par des décisions d'assemblées, rien de mieux : cela est conforme aux saines traditions de la Révolution française. Mais si les assemblées se mêlent de troubler le jeu des « lois naturelles » de l'économie politique, si cette démocratie veut faire du socialisme, halte-là. Tocqueville n'avait pas tort en 1848 d'observer que ces deux termes jurent d'être accouplés : à donner gain de cause à l'égalité, on risquait, suivant lui, de perdre toutes les conquêtes de la liberté. Vainement invoque-t-on la situation tragique de certaines classes ? La Révolution a aboli les distinctions de classes. Notre droit ne les connaît plus. Si on les ressuscitait,

Chapitre IV

cela ne pourrait qu'empêcher le fonctionnement normal d'une politique à la fois libérale et démocratique. Ne serait-on pas, en effet, bientôt tenté, non seulement de restreindre le droit de l'individu à aller et venir, à choisir sa profession, à acheter et vendre à sa guise, mais encore de piétiner le système des libertés publiques ? La légalité, garantie de la liberté, serait donc bientôt mise en vacances. Quand fut célébré le centenaire des journées de 1830, un journal, résumant toute cette argumentation, ne craignait pas d'affirmer que les socialistes seraient autant de Polignac au petit pied : les décrets de ceux-là seraient singulièrement plus dangereux que les ordonnances de celui-ci pour le patrimoine idéal de la Révolution.

*

* *

On devine ce que pourraient répondre à ce libéralisme conservateur les partis dits de gauche : radicaux ou socialistes. Les radicaux se déclareront les plus attachés de tous à la cause de la liberté, rendue sacrée à leurs yeux par la Révolution elle-même. Ils 'savent qu'une atmosphère de liberté est indispensable, non seulement au contrôle du gouvernement par la masse, mais au développement des individualités. Et c'est pourquoi ils entendent sauvegarder non seulement le libre fonctionnement de ses institutions parlementaires, principal moyen de pression légale dont dispose une démocratie moderne, mais encore l'enseignement public laïque qui, affranchissant l'État de la tutelle de l'Église, permet aussi à l'individu de courir sa chance, de donner sa mesure, de choisir enfin ses idées en même temps que de se tailler sa situation.

« Nul ne doit être inquiété pour ses opinions même religieuses » - entendez même en matière de religion - cet article X de la Déclaration des Droits de l'Homme, écrit M. Herriot en 1920, engendre logiquement la laïcisation des services publics, y compris celui de l'enseignement. Il exige que soient laissés à la porte de l'École de la Nation les dogmes qui divisent. Il n'admet pas qu'on demande au futur citoyen un bulletin de confession, pas plus d'ailleurs qu'un brevet d'athéisme. Et c'est en quoi le laïcisme achève la politique

Célestin Bouglé

intellectuelle de la Révolution.

Mais il est en même temps l'amorce d'une politique sociale qu'elle appelait de ses vœux. Elle ne voulait plus connaître d'autre distinction sociale que celle des vertus et des talents. Et l'utilité publique, qu'elle invoquait, exigeait aussi que les plus capables, les plus dignes fussent mis à même d'exercer les fonctions de direction. N'était-ce pas demander pour tous les enfants l'égalité du point de départ ? N'était-ce pas justifier d'avance le projet dit de l'école unique ? L'instruction élémentaire mise à la portée de tous, l'enseignement supérieur à la portée des plus capables c'est, aux yeux des radicaux comme aux yeux de Condorcet, que Ferdinand Buisson réédite, le meilleur moyen de lutter contre le privilège en même temps que contre le préjugé. En ce sens, la question sociale est d'abord une question d'éducation.

N'est-elle que cela ? Et ne conviendra-t-il pas, pour la résoudre, d'employer des moyens plus directs contre des forces de pression économique qui rendent la liberté illusoire pour le plus grand nombre ? Ne sera-t-on pas amené ainsi à abandonner le point de vue cher aux avocats du Tiers État, qui déclaraient la propriété privée inviolable ? Le radical-socialiste refuse d'accorder au socialiste que la suppression de la propriété privée serait sûrement le remède à tous nos maux. Mais il admet qu'elle - puisse subir des restrictions, des limitations croissantes. Elle n'est pas aujourd'hui ce qu'elle était hier. Pourquoi serait-elle demain ce qu'elle est aujourd'hui ? Le parti radical est « avant tout un parti d'évolution ». Et si vraiment le sens évolutionniste a manqué aux hommes du Tiers, s'ils ont cru vraiment que le droit de propriété conserverait l'immobilité des bornes, alors, sur ce point, avertis par l'expérience, nous devons rectifier leur pensée : ou du moins, conservant la fin suprême qu'ils poursuivaient - le libre développement des personnalités humaines - il nous faut admettre que cette fin exige aujourd'hui, devant des circonstances nouvelles, la mise en œuvre de moyens nouveaux.

Parmi lesquels l'intervention de l'État ? Pourquoi pas ? L'un des « éléments » de la « doctrine radicale » - comme dit Alain --- est sans doute la défiance à l'égard de tous les pouvoirs publics, même élus, a fortiori à l'égard des administrations. Tout gouvernement est réactionnaire par essence. Toute administration a besoin d'être

Chapitre IV

harcelée. La résistance à tout pouvoir, quel qu'il soit, c'est pour le citoyen le commencement de la sagesse. Tradition cartésienne, dit-on ; en tout cas, si l'on veut, tradition révolutionnaire. Et il n'est pas douteux que le radicalisme ne conserve quelque chose de cette veine quasi anarchiste. Mais une autre tradition révolutionnaire lui peut fournir en cas de besoin une autre impulsion : celle du jacobinisme. Le Jacobin sait frapper fort quand il croit exprimer et défendre la volonté de la masse il est prêt à briser tout obstacle pour passer à l'acte. Cette tradition jacobine, qui, selon la remarque de Kautsky, « jette une lueur juvénile sur le radicalisme bourgeois de la France », n'est-ce pas elle que beaucoup reconnurent dans l'énergie de Combes, « ce Robespierre en pantoufles », et qui fit, pour une part, sa popularité auprès des masses plébéiennes ? Il faut savoir, avait dit déjà Louis Blanc, se servir de l'État comme d'un instrument, si l'on ne veut pas le rencontrer comme obstacle. Du moment où le peuple fait sentir sa pression sur l'État, celui-ci n'est plus maître, il est serviteur. Et il n'est plus interdit d'utiliser sa puissance pour l'œuvre d'organisation économique que les circonstances imposent. Par exemple, on trouvera naturel que des monopoles de fait dont jouissent certaines industries puissent retourner à l'État. Ou du moins on jugera logique que l'État fasse peser le plus lourd poids de l'impôt sur la richesse acquise, garantisse aux travailleurs un minimum de loisirs, mette sur pied un système d'assurances sociales. La doctrine solidariste élaborée par Léon Bourgeois avait justement pour objet de permettre au parti radical une limitation de l'individualisme classique.

Mais la plus grande nouveauté qu'il ait été ainsi amené à admettre, ce n'est pas l'intervention de l'État, c'est la constitution des syndicats. La loi de 1884 autorisait les ouvriers à se grouper pour la défense et l'étude de leurs intérêts professionnels. On sait ce qui est sorti de ce germe, et quelle floraison de syndicats couvre aujourd'hui le terrain de la grande industrie. Cela aussi, les hommes de la Révolution l'eussent-ils voulu ? Qui se rappelle la loi Le Chapelier estimera qu'on ne le peut soutenir sans paradoxe. Elle interdit formellement aux ouvriers de se réunir « pour leurs prétendus intérêts communs ». Et ce veto n'est pas le fait d'une assemblée inquiète, prenant une décision de circonstance dans un mouvement de mauvaise humeur. Il traduit une pensée commune à nombre

Célestin Bouglé

d'hommes d'action de la Révolution, eux-mêmes endoctrinés par les philosophes du XVIIIème siècle, entre autres par Rousseau qui ne veut tolérer, entre l'État et l'individu, aucun corps particulier. Les abus des corporations et, d'une façon plus générale, l'espèce de morcellement dont souffrait le royaume, chaque corps ou presque ayant ses franchises dommageables pour l'ensemble aussi bien que gênantes pour l'industrie, expliquent cette quasi unanimité. Les partisans du syndicalisme aujourd'hui ne manquent pas d'ailleurs de spécifier que les syndicats, associations pour la défense du salaire, poursuivant par conséquent un objectif limité, et accessible à tous ouvriers de la même profession, ne doivent avoir rien de commun avec les corporations ossifiées de l'ancien régime.

Il n'importe : le syndicalisme est une brèche ouverte dans le système individualiste cher à la Révolution française. Et sur ce point, il semble difficile au premier abord de servir ces deux maîtres à la fois. De là peut-être quelque flottement dans les rangs des radicaux. Il s'en trouve, et non des moindres, -M. Joseph Caillaux par exemple, - pour rappeler que le syndicalisme pourrait bien porter atteinte non seulement à la liberté de l'individu, mais à l'autorité de l'État et finalement «déterminer une nouvelle féodalité» : le Jacobinisme s'accommoderait donc assez mal du syndicalisme. Mais d'autres, et c'est le plus grand nombre, prennent leur parti de ces nouvelles méthodes. Ils se persuadent que, sans l'appui des syndicats, l'État serait incapable de remplir tout seul ses tâches d'ordre économique, et, d'autre part, le travailleur manquerait des moyens d'action les plus utiles à la défense de sa cause. Le salariat n'est pas éternel : « Autant que tout autre parti, dit la Déclaration du Congrès de 1927, le parti radical-socialiste qui met au centre de sa doctrine la valeur morale de l'individu, les droits de l'homme, proclame que l'ouvrier n'est pas une marchandise, et que le salariat ne peut pas être considéré comme un mode définitif du travail humain ». Mais si le régime du salariat doit être en effet remplacé par un régime d'association véritable, conçoit-on que cette transformation soit possible sans l'action organisatrice du Syndicat ? Celui-ci est donc à la fois bouclier pour l'individu et levier pour l'État. Le radicalisme en conséquence se réjouit de pouvoir adopter, comme programme minimum, celui qui fut élaboré par la Confédération générale du Travail : il pense ne pas être infidèle à l'esprit des Droits de l'Homme en liant partie avec le syndicalisme.

*

* *

Il va de soi qu'il n'y aura pas tant de nuances, ni tant d'hésitations dans la pensée communiste. Celle-ci ne voit guère dans les Déclarations des cette matière l'attitude de Karl Marx faisant observer que dans la Révolution française le maximum d'idéalisme a coïncidé avec le maximum de réalisme. La grande industrie naissante n'avait-elle pas besoin, pour pouvoir recruter à son gré des salariés et leur imposer ses conditions, que la société française fût comme réduite à l'état d'une poussière d'atomes ?

Or n'était-ce pas justement à quoi travaillait la hache de la Révolution abattant les corporations ? L'idée n'était ici que la servante de l'intérêt. A quoi bon dès lors se préoccuper de savoir si l'on reste, ou non, en accord avec des « principes » qui traduisent avant tout une volonté de domination de la bourgeoisie ?

Que d'ailleurs on regarde de près fonctionner les mécanismes de la démocratie, on s'aperçoit vite qu'elle fonctionne par et pour l'argent. Duperie encore que tout son appareil. Et c'est pourquoi ceux qui veulent la libération véritable du prolétariat ouvrier et paysan seraient bien bons de respecter ou ces principes ou ces mécanismes. Les travailleurs n'ont à prendre conseil que de leur situation économique actuelle, et de la force irrésistible qu'ils constituent en s'unissant.

Il y a pourtant une page de l'histoire des idées sous la Révolution française que les communistes doivent aimer à relire : c'est la dernière page, la page babouviste, jetée au vent dans ce que Jaurès appelle la convulsion sublime, le spasme suprême de la Révolution. Nous avons signalé déjà le prestige bientôt reconquis par le Babouvisme lorsque Buonarroti, l'ancien conjuré, livra en pâture aux jeunes en mal de révolution le récit de la Conspiration pour l'égalité. Le livre devint le bréviaire des émeutiers. En particulier Blanqui en paraît imprégné, qui ne cesse de préparer des coups de main et semble compter, pour imposer une loi nouvelle, sur quelque échauffourée victorieuse. Il n'est pas douteux que la tactique de Blanqui, et par Blanqui celle de Babeuf, n'ait contribué à former une des traditions sur lesquelles s'appuie le parti communiste, la tradition du coup de main, annonciateur et préparateur de la dictature du prolétariat.

Mais par un autre canal les idées babouvistes ont pu arriver jusqu'au communisme contemporain : par l'intermédiaire du *Manifeste communiste* lui-même. Que celui-ci soit avant tout un résumé synthétique de doctrines antérieures, ce n'est plus à démontrer après le magistral commentaire que M. Charles Andler en a donné. Et que dans sa partie constructive il s'inspire directement des expériences de la Révolution française, mises en forme de décrets par le Babouvisme, cela aussi a été établi. N'est-ce pas le Babouvisme qui charge l'État, un État transformé par la conquête des travailleurs, un État prolétarien, de concentrer les produits et d'organiser la production ? Marx et Engels ajoutent au Babouvisme l'industrialisme et ils en retirent l'ascétisme. Mais ils en retiennent le collectivisme. Et c'est pourquoi, lorsque les communistes aujourd'hui nous vantent les bienfaits qu'on peut en attendre, il ne faut pas se contenter de répéter qu'ils importent chez nous une sorte de socialisme asiatique essayé en Russie : eux aussi ils ont droit à se réclamer de l'une des traditions de la Révolution française.

*

* *

Où serait donc, sur ce point, la différence entre le parti communiste et le parti socialiste ? On pourrait accorder peut-être que celui-ci n'est pas forcé de s'en tenir à la dernière page de la Révolution française : il en peut accepter un legs plus large ; en particulier il ne répudierait pas totalement cette sorte d'idéalisme démocratique. préparé par la philosophie du XVIIIème siècle, et dont le communiste fait bon marché.

A vrai dire, quand il s'agit de la charpente doctrinale, il est assez difficile de distinguer de nos jours entre socialisme et communisme. L'expérience ne paraît pas avoir ici rempli les cadres façonnés par Durkheim dans ses leçons sur le *Socialisme*. Le Communisme selon lui se préoccuperait surtout de réglementer la consommation, le socialisme de réorganiser la production. En fait, au XIXème siècle, le Communisme lui aussi dénonce l'anarchie de la production, et prétend y remédier par une mainmise de l'État prolétarien sur les industries nationalisées. D'autre part, le parti socialiste en France. depuis qu'il a accepté le pacte d'unité, semble avoir repoussé dans l'ombre cette tendance réformiste qui recelait aussi, à l'égard du marxisme, une tendance critique. Le jour où fut signé ce pacte, Guesde l'a emporté sur Jaurès. C'est sous les auspices du *Manifeste Communiste* que la fusion s'est opérée. Et en dépit du grand effort révisionniste de naguère, ce sont les thèses marxistes - concentration capitaliste, accroissement du nombre des prolétaires et aggravation de leur sort, dictature du prolétariat, transformation des propriétés privées en propriété collective - qui restent, en principe du moins. l'A. B. C. du socialisme comme du communisme. Ce sont elles qui fournissent leurs thèmes de propagande à l'un et à l'autre parti. Ayant éprouvé sans doute leur force de pénétration au cœur des masses ouvrières, le socialisme refuse d'en abandonner le bénéfice au communisme.

Il y a cependant, entre les littératures des deux partis, d'indéniables différences de ton. Même doctrine fondamentale peut-être, mais l'attitude pratique est tout autre. Le communiste tranche et rogne avec l'intransigeance d'un groupe qui n'est pas près de connaître en France les responsabilités du pouvoir. Il professe le plus complet dédain, non seulement à l'égard de toutes les réformes essayées jusqu'ici, mais même à l'égard des moyens d'action pacifiques et légaux qu'un régime démocratique met en principe à la disposition des masses. Lénine n'a-t-il pas déclaré : « La démocratie est une forme d'État consacrant la subordination de la majorité à la minorité ? » Et Trotsky de son côté : « La doctrine prolétarienne considère la démocratie comme un instrument au service de la société bourgeoise » ? En foi de quoi leurs disciples se diront prêts à préférer la guerre sociale - la seule guerre légitime, celle des prolétaires de tous les pays contre les privilégiés de tous les pays - à tant de conventions hypocrites. Ils acceptent d'un cœur joyeux l'hypothèse de la violence systématique. Et quand on leur

Célestin Bouglé

demande ce que la violence pourra bâtir, ils ont une réponse toute prête : « Voyez ce qui se passe en Russie ».

Ce qui se passe en Russie ne provoque pas chez les socialistes le même enthousiasme. Ils persistent à douter qu'on puisse opérer les nationalisations rêvées dans le pays qui devait y être le moins préparé selon la théorie marxiste, puisque l'un des moins bien équipés industriellement. En tout cas, ils y voient foulés aux pieds, - non seulement lorsqu'il s'agit des bourgeois, mais lorsqu'il s'agit des socialistes « majoritaires », - à la fois les garanties du droit individuel et le système des libertés publiques. Or ils tiennent à ces libertés, comme à un moyen normal dont les déshérités peuvent user pour faire entendre leur voix et imposer la refonte de l'organisation sociale elle-même. Ils trouvent naturel qu'un peuple qui a la chance de le posséder défende ce patrimoine. Ce qui revient à dire qu'ils n'acceptent pas pour leur part de répudier l'héritage des Jacobins, des sans-culottes, des patriotes de 93 ; ils se disent volontiers les héritiers de la Révolution française. Bien entendu, il s'agit pour eux d'élargir ses conquêtes, et de résoudre des questions qu'elle n'a fait que poser, mais en se servant des principes qu'elle a lancés, des armes qu'elle a forgées. C'est dire qu'ils ne dédaignent pas plus l'idée du droit égal des personnes humaines que celle de la souveraineté du peuple.

Où cette tradition apparaît de la façon la plus claire, la plus brillante, c'est sans doute dans la pensée de celui qui fut si longtemps l'animateur du parti socialiste en France, et dont la mémoire est un objet de vénération non seulement pour tous les socialistes, mais pour la masse des démocrates : Jean Jaurès. Pensée complexe entre toutes. Des éléments très divers s'y combinent. La tradition du socialisme allemand y rencontre celle du socialisme français. Hegel garde sa place dans ce temple à multiples chapelles, à côté de Fourier et de Saint-Simon. Et le mérite de Marx y est hautement proclamé, qui sut, en amalgamant les leçons de la dialectique allemande avec celles de l'économie politique anglaise, faire tourner toute l'histoire du monde autour de l'effort d'une classe, la classe ouvrière, que sa crucifixion désigne pour être l'instrument de la rédemption universelle. Jaurès ne méconnaît pas la part de vérité contenue dans cette philosophie. Il sait aussi quelle vertu de propagande, attestée par l'expérience, elle possède. Ajoutons que

Chapitre IV

depuis le pacte d'unité Jaurès, discipliné, semble mettre une sourdine à sa critique du marxisme. Il ne peut s'empêcher pourtant de le compléter, voire de le rectifier à sa manière. Et la plupart de ses rectifications pourraient se rattacher au culte qu'il garde à la Révolution française. Qu'on relise la préface qu'il a mise en tête de sa grande histoire de la *Constituante*. Il lui répugne d'admettre, quand il vient de passer en revue, pour les conter, tant de grandes batailles d'idées et d'actes héroïques, que l'esprit soit dans la dépendance étroite des forces matérielles, que le principe ne fasse que traduire l'intérêt, que le héros ne soit qu'un agent, et un agent « agi », de l'histoire économique. Et c'est pourquoi il rapproche de façon inattendue trois noms, pour placer son histoire sous un triple patronage : Marx, Michelet, Plutarque.

Il estime d'ailleurs qu'il y a beaucoup à conserver des principes que la Révolution a proclamés : ils peuvent. encore jouer un rôle utile ; en confrontant avec l'idéal qu'ils annoncent la réalité sociale d'aujourd'hui, telle que l'a façonnée la grande industrie, le peuple ne pourrait-il obtenir, comme logiquement exigibles, bon nombre de réformes organiques ? En ce sens, Jaurès est bien loin pour sa part de dédaigner cette table des valeurs qu'on appelle la Déclaration des Droits de l'Homme. Sans les sentiments qu'elle a suscités et généralisés, réagirions-nous de la même manière devant l'injustice économique ? D'un autre côté, il est facile de démontrer que les principes qu'elle proclame demeureraient lettre morte pour le plus grand nombre, si une organisation nouvelle de la vie industrielle ne donnait à tous des garanties de libertés réelles : « c'est le socialisme seul qui donnera à la Déclaration des Droits de l'Homme tout son sens et qui réalisera le droit humain ». Jaurès dira ailleurs, s'efforçant systématiquement de rapprocher des termes que systématiquement opposent ceux qui veulent creuser l'abîme entre les traditions du XVIIIème siècle incarnées dans la Révolution et les aspirations du socialisme : « Le socialisme c'est l'individualisme, mais logique et complet ». La fin, c'est bien toujours la libération des personnes humaines. Mais si l'on veut que cette libération soit autre chose qu'un vain mot pour la majorité des travailleurs, serfs de la grande industrie, il faut consentir à employer d'autres moyens que le « laissez-faire » cher au libéralisme économique.

Ainsi Jaurès s'efforçait-il de toutes façons de souder étroitement

Célestin Bouglé

idéalisme démocratique et réalisme socialiste. Dans quelle mesure sa pensée continue-t-elle à dominer dans le parti socialiste
aujourd'hui ? Il serait difficile de le préciser. On sait assez que des
tendances fort différentes se combattent, en ce moment même, au
sein du parti socialiste unifié. Mais il est remarquable que les représentants de ces tendances se retournent les uns et les autres vers
le buste de Jaurès, érigé à la tribune de leurs Congrès, et invoquent
son autorité. Son prestige ne pâlit pas. Et il est vraisemblable que
si son œuvre continue non seulement d'éclairer les esprits mais
d'échauffer les âmes, cela tient en partie à la place qu'il sut réserver, dans la philosophie socialiste, aux souvenirs de la Révolution
française.

Chapitre IV

Chapitre V

Bilan du saint-simonisme

I. - Hier

Depuis que le centenaire de la mort de Henri de Saint-Simon a été célébré dans le grand amphithéâtre de la Sorbonne –en 1925– les études saint-simoniennes profitent, me semble-t-il, d'un regain d'actualité.

M. Maxime Leroy, qui avait déjà publié le *Socialisme des Producteurs*, a rédigé une *Vie du Comte de Saint-Simon*. M. Alfred Péreire a réimprimé, conformément à l'édition originale, les *Lettres d'un Habitant de Genève à ses contemporains*, suivies de deux documents inédits, *Lettres aux Européens* et *Essai sur l'organisation sociale*. Après la *Doctrine de Saint-Simon*, série des conférences de 1829, que nous avons rééditées avec la collaboration de M.Elie Halévy, nous avons mis à la portée du public *L'œuvre de Henri de Saint-Simon* lui-même par un certain nombre d'extraits classés (Philosophie des Sciences, Organisation de la Paix, Industrialisme socialiste, Religion de l'avenir). Un gros volume publié par H. Henry Rémi d'Allemagne évoque l'*Histoire des Saint-Simoniens entre 1817 et 1837* : largement illustré, il fait connaître leurs figures et les caricatures dont elles furent l'objet. Mme Jehan d'Ivray écrit *L'Aventure Saint-Simonienne et les Femmes*. Enfin M. Charléty, après avoir donné des *Extraits d'Enfantin* dans la Collection des Réformateurs sociaux, réédite sa propre thèse parue en 1895, peu de temps après l'ouvrage de G. Weill consacré à *Un précurseur du socialisme : Saint-Simon et son œuvre*. Cette *Histoire du Saint-Simonisme*, qui n'a pas peu contribué à l'espèce de résurrection dont nous sommes témoins, ajoute à la bibliographie de la première édition une liste qui comprend plus de 130 numéros.

Le moment est donc bien choisi pour dresser une sorte de bilan du Saint-Simonisme, pour inventorier les idées que ses adeptes ont apportées au monde, et distinguer celles que le monde a accueillies. M. Benedetto Croce a écrit un livre célèbre : *Ce qui est vivant et ce qui est mort de la pensée de Hegel*. Toutes choses égales d'ailleurs, on voudrait pour la pensée saint-simonienne se livrer à la même analyse.

« Le monde se partagera nos dépouilles », affirmait orgueilleusement Enfantin, le pape redevenu homme d'affaires, mais gardant toujours sa foi profonde. Et Karl Grün, l'un des Allemands qui vinrent à Paris entre 1830 et 1848 prendre la mesure de la France nouvelle, déclarait de son côté : « Le Saint-Simonisme est comme une boîte pleine de semences : la boîte a été ouverte, son contenu s'est envolé on ne sait où, mais chaque grain a trouvé un sillon et on les a vus sortir de terre l'un après l'autre ».

Ces prophéties se sont-elles vérifiées ?

*

* *

Que le monde moderne doive beaucoup à Saint-Simon et aux Saint-Simoniens, que nombre des idées lancées par eux se soient révélées fécondes, pratiques, capables de s'adapter aux besoins des sociétés, cela peut paraître au premier abord assez surprenant, pour qui se rappelle leur vie tumultueuse, leurs aventures, leurs bizarreries. A travers les lignes de l'histoire que conte M. Charléty avec un mélange de sympathie et d'ironie particulièrement savoureux, on voit passer des cerveaux brûlés, des agités, des exaltés, des touche-à-tout. Faut-il donc croire, comme Sir James Frazer aime à le dire en parlant des primitifs, que, ici encore, « la folie mystérieusement verse dans la raison » ?

Saint-Simon tout le premier étonne. Quel beau roman ou plutôt quel beau film que sa biographie ! Premier tableau : le jeune gentilhomme qui voit en rêve le Comte de Vermandois et même Charlemagne, ses ancêtres, se fait réveiller dès cinq heures du matin par son valet de chambre : « Souvenez-vous, Monseigneur, que vous avez de grandes choses à faire ». Il pense dès son jeune âge que les aristocrates doivent désormais se distinguer par l'éclat des services rendus à l'humanité. Au moment où le jeune comte arrive à l'âge d'homme, l'Amérique s'agite, le monde s'émeut, le drapeau de la rébellion est levé contre l'Angleterre. Saint-Simon s'embarque à la suite de Lafayette. Il a voulu défendre, dira-t-il plus tard, sur le sol américain la cause de la « liberté industrielle ». Il fait bravement son devoir et il est blessé à la cuisse dans une bataille navale. Mais déjà sous le militaire perce l'ingénieur, l'homme d'affaires. Saint-Simon propose au vice-roi du Mexique d'entreprendre la percée d'un canal qui unirait les Deux-Mers à Panama. Déjà, ce qui l'intéresse le plus, c'est l'exploitation du globe. Il sait d'ailleurs qu'il y faut de la science. Et quand il revient servir en Belgique, on le trouve préoccupé d'accroître son bagage de connaissances : il suit avec zèle les leçons de Monge. Mais pour acquérir le savoir, encore faut-il avoir à sa disposition les moyens d'action que donne la richesse. Saint-Simon profitera de la Révolution, qui rend la vie difficile aux gentilshommes, pour devenir une manière de nouveau riche. Associé avec un Allemand, M. de Redern, il brasse des affaires, monte des entreprises de bazars, soumissionne pour la couverture en plomb de Notre-Dame, spécule sur les biens nationaux. Période de luxe. Réceptions fastueuses. Saint-Simon réunit à sa table des savants de toute espèce, pensant s'instruire auprès d'eux entre la poire et le fromage. Il se marie même, assure-t-il, dans l'intérêt de la science : il demande à Mlle de Champgrand de tenir sa maison avec l'éclat qui convient. Le mariage bientôt rompu, Saint-Simon pense épouser Mme de Staël : le produit d'un pareil couple ne serait-il pas génial ? Mme de Staël refuse. Saint-Simon se console en écrivant en 1803 les *Lettres d'un Habitant de Genève* : pour inviter les peuples de l'Europe à honorer comme il convient la science et les savants, en fournissant aux meilleurs de ceux-ci les moyens de se libérer, de se réunir, d'endoctriner le monde. Mais bientôt le tableau change de couleurs. L'associé de Redern est ruiné. Il lui faut pour vivre accepter une place de copiste au Mont-de-Piété –et les secours de son valet de chambre. Qu'importe, le gentilhomme copiste rédige une *Introduction aux travaux scientifiques du* XIXème *siècle*, puis un *Mémoire sur la Science de l'Homme*, puis un *Travail sur la gravitation*. Il accable d'ailleurs d'injures les membres du Bureau des Longitudes, les traitant d'anarchistes, parce qu'ils ne voient pas l'intérêt de l'effort de coordination supérieure auquel il se livre : ne prétendait-il pas faire faire à la science un « pas napoléonien » ? Bientôt des problèmes plus pressants d'imposent à lui : à la veille du Congrès de Vienne il écrit avec son secrétaires Aug. Thierry un plan grandiose de réorganisation de la société

Célestin Bouglé

européenne. Mais la paix elle-même peut-elle s'installer sans un progrès ordonnateur de l'industrie ? C'est de l'industrie, à partir de 1817, que Saint-Simon va devenir le héraut. C'est des industriels qu'il va devenir l'avocat. Pour eux, pour grandir leu place dans le monde, il rédige, en collaboration avec Auguste Comte, de véritables « Catéchismes ». Mais beaucoup se lassent de l'aider, et Saint-Simon lui-même se lasse de frapper à toutes les portes. Dans un instant de découragement, il se tire un coup de pistolet dans la tête. Miraculeusement rétabli, il retrouve son ardeur, se réjouit de voir se grouper autour de lui des hommes d'élite comme Olinde Rodrigues, Léon Halévy, Duveyrier, Carnot. Et lorsqu'il meurt, en 1825, leur laissant le soin d'éditer son *Nouveau Christianisme*, il s'écrie avec transport : « l'Avenir est à nous ».

Une élite en effet, et qui devait grossir, s'enthousiasme pour sa doctrine. Des polytechniciens comme Enfantin, des financiers comme les Péreire s'agrègent aux premiers disciples. Ils publient une revue *Le Producteur*, dont le titre est un programme, qui sera suivie de *L'Organisateur*, autre mot d'ordre. Ils multiplient les conférences, élaborent pour justifier leur confiance dans l'industrie rénovée toute une philosophie de l'histoire, qui bientôt prend les allures d'une religion. Voici les conférenciers devenus apôtres qui se retirent à Ménilmontant, y font l'apprentissage de la solidarité et du travail, cultivent la terre en chantant des hymnes composés par Félicien David, et, les jours d'émeute, promènent dans les faubourgs leur bannière pacificatrice. Mais Enfantin et Bazard, en train de devenir Papes, se heurtent bientôt. Enfantin émet sur les femmes et sur les droits du grand-prêtre en matière d'amour de bizarres prétentions. La zizanie s'aggrave. La scission éclate. Le groupe qui arbore le titre de « Compagnons de la Femme », secouant sur l'ingrate grande ville la poussière de ses souliers, s'embarque pour l'Orient. Après bien des aventures, il échoue en Égypte où les qualités d'entrepreneurs et d'organisateurs des Saint-Simoniens reparaissent. Ils mettent sur pied, entre autres, un plan pour le percement de l'isthme de Suez. Chassés du Caire par la peste, revenus en France, la plupart retrouvent l'emploi de leurs aptitudes aux affaires. Enfantin lui-même, aidé par les Péreire, prend place à la tête d'entreprises comme le Crédit Mobilier et la Compagnie P.-L.-M. Les disciples de Saint-Simon se font agents de liaison entre indus-

Chapitre V

trie et finance. Perceurs d'isthmes, ils sont aussi poseurs de rails. « C'est sur les rails qu'il faut marcher », répétait Enfantin. Mais il entendait bien que par les rails, par l'expansion de l'industrie, l'idée chère aux Saint-Simoniens réussirait à conquérir le monde.

*

* *

Quelle est donc cette idée, ou plutôt quelles sont donc ces idées auxquelles, même rentrés dan le rang, les Saint-Simoniens tenaient par-dessus tout ?

Nous disons exprès : les idées. Car si fortement lié qu'ait voulu être le système, telle de ses parties a pu rester vivante, telle autre dépérir. Religion, pacifisme, industrialisme, socialisme, ces tendances peuvent se distinguer : elles ne connaîtront pas inévitablement la même fortune.

La religion reste le sommet vers lequel tout converge. Le Saint-Simonisme n'a pas commencé par être une Église. Mais très vite, et de l'aveu du plus grand nombre des collaborateurs du *Producteur*, l'École a éprouvé le besoin de se muer en Église. « *Religion saint-simonienne* », tel était – au grand étonnement du Compagnon Viçard- l'en-tête des affiches que les disciples de Saint-Simon apposèrent bientôt sur les murs du Quartier Latin pour convier le peuple à leurs réunions. Dès 1829, lorsqu'ils commentent la *doctrine de Saint-Simon* dans l'admirable série de conférences que prononça Bazard, ils laissent entendre que s'ils parlent le langage de la science, s'ils induisent et démontrent, c'est pure concession au siècle. Ils ont hâte d'en appeler au sentiment pour reconduire les âmes à une foi. Et non pas à une vague aspiration humanitaire, mais à une vraie foi, rattachée à une doctrine, soutenue par une hiérarchie. Le Saint-Simonisme a prétendu lui aussi construire une cathédrale. Impossible, si l'on veut comprendre son essence, de faire abstraction de cette construction.

Saint-Simon lui-même avait-il rêvé, aurait-il voulu, cela ? Les commentateurs en discutent. Il y a longtemps que M.G. Dumas nous a présenté le grand homme comme un Messie exalté. M. Maxime Leroy au contraire nous fait admirer en lui une tête lucide, un vrai laïque, un fils du XVIIIème siècle. Et il est vrai qu'il retient beaucoup des Encyclopédistes : il compte comme eux sur le progrès des sciences pour entraîner le progrès de l'humanité. Mais déjà il entend bien dépasser le point de vue des « époques critiques », pour lesquelles ses disciples seront si sévères. Il loue les théocrates « d'avoir compris l'utilité de l'unité systématique ». Il finit par écrire un *Nouveau Christianisme* qui, s'il fait le procès du protestantisme et du catholicisme, trop peu ardents à transformer la terre pour le bien-être des masses, laisse entendre que pour améliorer la destinée physique et morale de celles-ci, une foi qui rallie et exalte est un appoint précieux. Ne devait-il pas déclarer sur son lit de mort : « On a cru que tout système religieux devait disparaître parce qu'on avait réussi à prouver la caducité du système catholique. On s'est trompé, la religion ne peut disparaître du monde ; elle ne fait que se transformer. Rodrigues, ne l'oubliez pas, et souvenez-vous aussi que pour faire de grandes choses, il faut être passionné ».

Est-il étonnant qu'en de pareils souvenirs, les disciples aient trouvé, comme le remarque M. Charléty, l'étoffe d'un rédempteur et la matière d'une religion ?

Une fois groupés, et exaltés par leur groupement même, ils ont abondé dans ce sens, ils ont fait pencher leur barque du côté mystique. Et réagissant contre l'excès de l'esprit positif qu'ils croyaient prêt à les submerger, ils ont protesté avec énergie contre l'idée courante que la religion avait fait son temps, qu'elle était périmée, dépassée, désuète. Proudhon insistera à plaisir sur cette thèse. Et Auguste Comte –qui abandonnant Saint-Simon s'est retiré sous sa tente : Erdan l'appelle l'Achille du Saint-Simonisme- a encore l'air en 1830 de s'en tenir à la même attitude.

Mais Bazard et Enfantin, dans la 17ème Séance de l'*Exposition de la Doctrine de Saint-Simon*, discutent pied à pied les conclusions que l'on pourrait tirer contre la religion d'une loi des trois états mal interprétée. Regardons-y de plus près : nous nous apercevrons que chaque développement de l'humanité est caractérisé par un développement en intensité et en étendue des idées religieuses. Les croyances s'épurent et elles s'élargissent. Mais l'humanité ne se passe jamais de croyances. Pour la préparer à accepter les nôtres, adaptées à ses besoins d'aujourd'hui, tâchons de la convaincre

Chapitre V

qu'un grand avenir religieux l'attend. Le moment est venu de redresser les bannières.

Rien d'étonnant donc si Sainte-Beuve loue surtout le Saint-Simonisme d'avoir « donné à plus d'un qui en manquait l'idée d'une religion et le respect de cette forme sociale, la plus haute de toutes » - ou si Carlyle regrette de n'avoir pas su plus tôt que près du Palais-Royal, « au milieu des cafés et des billards de votre jeune cité, écrit-il à d'Eichthal, une société d'apôtres couvait dons son sein une nouvelle religion ».

Il est vrai que la religion ainsi couvée devait elle-même enfanter des « dogmes » assez scandaleux pour la religion chrétienne. Habituée au dualisme, celle-ci oppose volontiers l'esprit à la chair, la nature à Dieu. C'est justement ce dualisme que les Saint-Simoniens désirent à tout prix effacer. Une part essentielle de leur mission réconciliatrice, c'est de réhabiliter la chair : par où ils entendent, non pas seulement ni surtout, comme on l'a trop répété, licence aux passions, mais apologie du travail, revendication du bien-être, glorification de l'industrie. Une sorte de panthéisme de polytechniciens, qui ferait de Dieu un ouvrier géant, se discerne à travers leurs effusions. Et cette croyance ou cette aspiration, c'est bien le cœur de leur système, c'est leur Saint des Saints.

*

* *

Si l'humanité consentait à suivre cette bannière, on ne verrait pas seulement progresser l'industrie, mais s'organiser la paix. Conviction profonde, partagée par tous les Saint-Simoniens. Et celle-là du moins, ils peuvent se vanter, sans conteste possible de la tenir directement du Maître. Nous avons rappelé que Saint-Simon écrivit en 1803 les *Lettres d'un Habitant de Genève*, et en 1814, avec la collaboration d'Augustin Thierry, le *Plan des travaux nécessaires pour l'organisation de l'humanité*. Dans le premier ouvrage, il exhorte les peuples à déléguer à Genève, autour du tombeau de Newton, un certain nombre de savants pour qu'ils s'entendent sur les directions à donner à l'humanité. Dans le second, invitant les nations à suivre l'exemple de l'Angleterre et de la France, qui ont

Célestin Bouglé

institué un régime parlementaire, il souhaite la « suprématie d'un Parlement général » - un super-Parlement, dirait-on aujourd'hui. Placé au-dessus de tous les gouvernements nationaux et investi du pouvoir de juger leurs différends, il n'aurait pas seulement à exercer des fonctions d'arbitrage, mais à coordonner, à diriger des travaux d'utilité publique internationale, à rendre enfin l'Europe « habitable », à préparer dans les cœurs des nouvelles générations l'essor d'un « patriotisme européen ».

Que pareille entreprise soit possible et nécessaire, que cette construction se présente elle-même comme un couronnement, c'est ce que les disciples se donnent à cœur d'établir par une véritable philosophie de l'histoire. Elle ne nie pas la guerre, son volume, son rôle, et même elle reconnaît que le passé n'a été qu'un vaste état de guerre systématisé. Mais elle remarque que peu à peu l'association gagne sur l'antagonisme. Luttes entre groupes ou luttes à l'intérieur des groupes, qui s'entraînaient les unes les autres, s'atténuent progressivement. Les cercles de sécurité vont s'élargissant. La Cité fédère les familles. La Nation impose une ordre commun aux cités qu'elle assemble. Les Églises débordent les frontières des Nations. Et les Saint-Simoniens annoncent en même temps qu'ils appellent la venue d'un groupement plus large encore, d'un type nouveau : il devrait tenir sans doute à la fois de l'État et de l'Église. L'idée reste ici quelque peu imprécise. Le fleuve poursuit sa route dans la brume. Mais sur la direction et l'intensité du courant, nulle incertitude chez ces philosophes-apôtres.

La force qui meut tout le reste, on sait d'ailleurs où il la faudrait chercher : dans l'industrie. Cette milice d'apôtres est un corps d'ingénieurs. Une meilleure exploitation du globe, c'est leur idéal central. Et leurs hymnes réagissent avec force contre la tendance ascétique, hostile au progrès de la civilisation matérielle, qu'on justifiait par divers souvenirs : anathèmes du christianisme contre la chair, réquisitoires de Rousseau contre les sciences et les arts, ou même déclamations spartiates contre le luxe. Buonarroti, nous l'avons vu, en évoquant l'œuvre de Babeuf, rappelait le duel engagé sous la Révolution même, entre les « Athéniens », apologistes de l'expansion commerciale, et les « Spartiates », prêts à réduire la consommation de tous pour assurer l'égalité. Or l'égalité dans le dénuement, c'est la consigne la plus opposée qui soit au vœu des Saint-Simoniens.

Chapitre V

Ils sont convaincus que leurs plus belles espérances – l'avenir religieux de l'humanité, l'organisation de la paix- demeureraient lettre morte si la roue de l'industrie s'arrêtait. Ils sont reconnaissants à leur initiateur d'avoir poussé à cette roue. « Tout par l'industrie, tout pour elle », s'était écrié Saint-Simon, transposant le mot de Lincoln. Et sa préoccupation maîtresse à partir de 1817, c'est de porter sur le pavois une classe nouvelle : celle des industriels. C'est lui qui transforme cet adjectif en substantif. C'est lui qui rédige les *Cahiers des Industriels* pour mettre en vedette leurs revendications propres. C'est lui qui laisse le plus clairement entendre que, par l'amélioration des méthodes appliquées à l'exploitation du globe, un nouveau pouvoir économique est né, qui réclame sa part grandissante du pouvoir politique. Les éminents services que rend une classe ne doivent-ils pas lui assurer un droit supérieur ? « Nous entreprenons, déclare Saint-Simon, d'élever les industriels au premier degré de considération et de pouvoir ». Le travail humain, transformateur de la matière, prend à ses yeux la valeur la plus haute ; au fond, le travail industriel crée à ses yeux toutes les valeurs, tant sociales qu'économiques, la valeur des hommes aussi bien que celle des choses. Et c'est pourquoi l'ingénieur est le préféré de Saint-Simon. Non certes qu'il relègue les cultivateurs, chers à Quesnay, parmi les classes improductives. Il leur fait leur place à côté du négociant et du fabricant. Mais enfin, ceux-ci, serviteurs du progrès, de la production et de la consommation ne cessent de grandir à ses yeux. Il ne manquera pas d'appuyer la pétition présentée par Laffitte – avec qui il est en relations suivies - lorsque le banquier se plaint qu'en voulant fonder la représentation nationale sur l'impôt territorial, on ne tende à priver indirectement le commerce et l'industrie de leurs droits incontestables, à sacrifier l'élément actif qui anime la société entière à la matière inerte, à la terre qui la supporte : « cette terre où sont encore empreintes les traces de la superstition et de l'anarchie ».

En se faisant l'apôtre de ces revendications, Saint-Simon ne prend pas seulement sur certains points le contre-pied de Quesnay, il dépasse et déborde Sieyès. Lui aussi, sans doute, il parle en avocat du Tiers-État, héritier des Communes, et même lointain représentant de ces « Gaulois » si longtemps opprimés par les « Francs ». Mais c'est un avocat qui n'aime pas les avocats. Pas plus que les militaires. « Sabreurs » et « parleurs » sont également dangereux à ses yeux. C'est pourquoi il ne concevra pas la hiérarchie des catégories sociales sur le même type que Sieyès, ce légiste. Il accuse formellement les légistes de l'impuissance de la Révolution. Place aux hommes d'action, à ceux qui agissent sur les choses, manipulent la matière, préparent autrement que par des discours, décrets ou circulaires, un meilleur aménagement du globe : les producteurs au-dessus non seulement des aristocrates, mais des bourgeois eux-mêmes, comme les abeilles au-dessus des frelons.

Les producteurs, il importe d'ailleurs de ne pas les identifier avec les travailleurs entendus comme ouvriers, comme prolétaires serviteurs de la machine. Les Saint-Simoniens diront plus tard qu'il est temps de fonder le « parti des travailleurs », et certains, portant la bonne parole dans les faubourgs et organisant un degré « ouvrier », se rapprocheront de plus en plus des prolétaires. Mais au moment où Saint-Simon lance son mot d'ordre, la distinction n'est pas faite dans le bloc qu'il présente. Les ouvriers n'y paraissent pas séparés de leurs chefs naturels. Et même, il est visible que pour Saint-Simon, ils ne pourraient aboutir à rien séparés de leurs chefs. La plupart des Saint-Simoniens resteront sur ce point fidèles à la pensée du maître, qui est une pensée de « hiérarque ». Autant l'héritage leur répugne, autant ils croient aux capacités : qu'on laisse à celles-ci les coudées franches, quitte à leur accorder une prime. Le Saint-Simonisme est d'abord une apologie des chefs d'entreprise, techniciens, organisateurs de la production. Et au-dessus du chef d'entreprise proprement dit, on fera trôner le banquier : général coordonnant les efforts de ceux que Carlyle appellera, d'un terme qui est resté, les Capitaines d'Industrie. Saint-Simon lui-même ne disait-il pas déjà que l'industrie banquière avait pour fonction de faire la liaison entre les corps séparés des agriculteurs, des fabricants, des négociants ?

A noter que dans ce système, les intellectuels (encore un mot auquel Saint-Simon essaye de faire un sort) gardent leur place. Et les disciples ne se feront pas faute d'y insister. L'industrie a par-dessus tout besoin de savants. Elle a même besoin d'artistes si l'on veut que la masse s'enthousiasme pour ses conquêtes. Et c'est pourquoi plus tard Enfantin, aidé par Arlès-Dufour, poussera l'idée du *Cré-*

Chapitre V

dit intellectuel. Il demandera qu'on multiplie les bourses pour le développement des talents. Il sait, il rappelle que l'intelligence est la principale richesse des nations. Mais l'intelligence elle-même dans ce système demeure au service de l'industrie. Son progrès reste la préface de tous les autres.

A une condition toutefois, sur laquelle les Saint-Simoniens vont insister de plus en plus, c'est qu'à une meilleure exploitation du globe corresponde aussi une moindre exploitation de l'homme par l'homme, c'est que l'industrialisme se complète et au besoin se limite par le socialisme.

*
* *

Socialisme, le mot n'est pas chez les Saint-Simoniens, mais bien la chose. Le mot dès le XVIIIème siècle avait été appliqué à grotius. On le retrouve au début du XIXème pour caractériser les théories et les expériences de Robert Owen. Pierre Leroux l'acclimate en France, entre 1830 et 1835, en l'opposant à l'individualisme. Les Saint-Simoniens usent volontiers de la même antithèse, mais non dans les mêmes termes. Ils disent parfois « collectisme ». Beaucoup plus souvent le terme d'association leur suffit. Et quand ils répètent que l'ère de l'association va se substituer à l'ère de l'antagonisme, entendons qu'un régime socialiste est en préparation. Son heure est venue. Il est à nos portes.

Faut-il dire que sur ce point encore Saint-Simon lui-même ouvre les voies à ses disciples, et accorder, selon la formule fameuse, que le dernier des gentilshommes a été aussi le premier des socialistes ? On a fait observer qu'il a été en relations suivies avec des financiers, des patrons, des grands bourgeois. Il a fait siennes plus d'une de leurs revendications. Ne les a-t-il pas servis autant et plus qu'il ne s'est servi d'eux ? Peut-être. Mais si, au milieu même de ces tractations, il suivait son idée ? Et si cette idée était bien de mettre un terme à l'anarchie économique, dans l'intérêt des masses laborieuses ? Dès longtemps, il avait déclaré que le premier article du budget devrait être consacré à procurer du travail aux valides et une retraite aux invalides. De plus en plus clairement, il manifeste

Célestin Bouglé

son antipathie pour les « frelons », pour quiconque peut se laisser vivre sans rien faire de ses dix doigts ; il assigne comme fin suprême au progrès de l'humanité l'amélioration du sort matériel et moral de la classe la plus nombreuse et la plus pauvre. Et lorsqu'enfin il écrit son testament intellectuel, le *Nouveau Christianisme*, c'est pour rappeler en termes solennels aux grands de ce monde, dans une objurgation qui sonne comme un avertissement, qu'un souci doit primer tous les autres : celui du bonheur social du pauvre.

Mais ce ne sont ici, au total, que vœux et amorces. Sur ces quelques pierres, les disciples vont bâtir tout un édifice. Et c'est à eux vraiment que revient l'honneur d'avoir constitué la réserve d'arguments où pendant des années le socialisme devait puiser.

Très consciemment, très méthodiquement ils opposent leur point de vue à celui de l'économie politique libérale, soutien de l'ordre ou plutôt du désordre social contemporain. Elle manque de sens historique comme de sens social. Elle n'a une idée assez nette ni des ensembles ni des phases. Elle ne voit pas les mesures nécessaires à la vie même des groupes, à l'harmonie de leurs parties. Elle ne se rend pas compte non plus que ces mesures peuvent varier selon les temps, selon la structure de ces groupes, selon le degré de développement qu'ils ont atteint. Elle-même traduit à sa façon un moment de la vie économique en voie d'être dépassé.

C'est dire que les Saint-Simoniens vont porter la main sur l'arche sainte du libéralisme économique, sur l'institution présentée comme éternelle, universelle, inamovible : sur la propriété privée. Ils dénoncent avec force les abus qu'elle entraîne. Ils en contestent finalement le principe lui-même.

L'héritage sans doute est à leurs yeux le scandale par excellence. Ayant eu pour la plupart maille à partir avec leurs familles lorsqu'elles étaient riches, ou, si elles étaient pauvres, ayant rencontré toutes sortes d'obstacles à leur ascension, ils savent, par expérience personnelle, ce que c'est que d'être une capacité déshéritée. Ils mesurent l'avantage, dangereux pour l'ensemble autant qu'injuste, dont jouissent des hommes notoirement inférieurs, mais soutenus par la fortune que leur ont léguée leurs parents : incapables par suite de bien remplir les fonctions sociales qui correspondent à leur situation économique. C'est pourquoi les Saint-Simoniens de-

Chapitre V

manderont, pour commencer, la suppression des successions collatérales, puis un impôt sur les successions directes. Ils envisagent enfin, sans appréhension aucune, la suppression d'une institution qui, par la prime qu'elle donne au hasard de la naissance, constitue le premier obstacle à leur idéal, lequel est que chaque capacité puisse donner sa mesure et être rétribuée selon ses œuvres.

Mais serait-ce assez de supprimer l'héritier ? D'une façon plus générale, le rentier est-il défendable ? La faculté de vivre sans rien faire doit-elle être maintenue dans une société où tout repose sur le travail ? Les oisifs contre les travailleurs, antithèse de grande conséquence, devait remarquer Chateaubriand. Les Saint-Simoniens y insistent à plaisir. Ils applaudissent à la définition fameuse que le général Foy propose de l'aristocratie : « une classe qui veut consommer sans produire » ; ils font observer que ce stigmate s'applique à quiconque table sur ses rentes pour vivre. Ils se réjouissent donc de la réduction de la rente. Ils en accepteraient d'un cœur léger la suppression. La lutte contre les revenus sans travail –qui va tenir une si grande place dans la littérature socialiste- est ici entamée avec véhémence.

Le nerf de toute cette argumentation, c'est l'idée que la propriété est une catégorie historique. Ici encore le mot manque. Il ne sera prononcé que par Rodbertus, mais par un Rodbertus profondément imprégné, à ce qu'il semble, de l'enseignement des Saint-Simoniens. Nul n'a mieux travaillé qu'eux à baigner l'absolu de la propriété dans le fleuve héraclitéen. Jadis on a possédé des hommes. Aujourd'hui on ne possède que des choses. Jadis le droit de tester étaient complètement libre. Aujourd'hui il est soumis à toutes sortes de limitations. Il n'est plus aujourd'hui ce qu'il était hier. Pourquoi voulez-vous qu'il soit demain ce qu'il est aujourd'hui ? Tout passe. Les institutions les plus respectées doivent s'adapter aux besoins nouveaux de l'humanité.

Or, que celle-ci n'ait pas reçu, dans l'organisation actuelle du droit, pleine et entière satisfaction, il est facile de le démontrer. La meilleure preuve en est dans l'existence d'un prolétariat, dont la liberté n'est que nominale. Le prolétaire est présenté, par les rédacteurs de la *Doctrine de Saint-Simon*, comme l'héritier direct de l'esclave, du plébéien, du serf. Moins opprimé que ses ancêtres, il est pourtant un opprimé, puisqu'il ne possède pas les moyens matériels de

Célestin Bouglé

faire valoir ses capacités, ni de se faire rétribuer selon ses œuvres. Trop de droits proclamés demeurent pour lui des virtualités qu'il est pratiquement incapable de faire passer à l'acte. Et c'est pourquoi l'on ne peut pas accorder que le progrès accompli par l'humanité dans l'exploitation du globe ait fait cesser, sous toutes ses formes, l'exploitation de l'homme par l'homme.

Qu'y faudrait-il donc ? Quelles mesures s'imposent ? Quel est en un mot la partie positive de ce socialisme dont nous venons de résumer la partie négative ?

Tout ce que perd le « laissez-faire, laissez-passer » dans ce système, l'État le gagne. Mais c'est un État de type nouveau, aidé par la puissance des banques, régénéré par les méthodes de l'industrie.

Héritier universel, l'État va devenir aussi le grand prêteur, le distributeur du travail, l'organisateur de la production. Les Saint-Simoniens ne reculent pas devant ce collectivisme. Ils comptent sur lui pour transformer des institutions et des mœurs qui sont un legs du régime militaire. Voyez en quels termes Michel Chevalier entre autres, -Michel Chevalier dans sa période de ferveur saint-simonienne- parle du rôle des préfets :

> Il viendra un moment où on trouvera aussi absurde qu'un homme ait la prétention d'être le premier magistrat de la Seine-Inférieure par exemple, en restant étranger à la fabrication et au commerce des cotonnades, qu'il le serait de mettre un évêque à la tête d'un régiment de carabiniers ou de houzards.

Le même, imaginant les armées industrielles de l'avenir :

> Alors, on ne recrutera plus les hommes pour leur enseigner l'art de détruire et de tuer, mais pour leur apprendre la production et la création. Les régiments deviendront des Ecoles d'arts et métiers où tous pourront être admis dès l'âge de seize ans. Les artilleurs seront les mécaniciens, les fondeurs de métaux fabriqueront des machines à vapeur, le corps des laboureurs fera les charrois, les soldats du génie seront les mineurs, les pontonniers suspendront des ponts sur les fleuves, l'infanterie de ligne embrassera une longue série de professions. Alors s'organisera l'industrie attrayante et glorieuse. Il y aura tendance à ce que l'Etat devienne le dis-

Chapitre V

pensateur général du travail, de la rétribution et aussi d'une retraite accessible à tous.

Mais encore, pour arriver à ce grand résultat, sur quelle puissance faut-il compter ? Sur celle de la banque. On ne peut aboutir à rien sans crédit. Le difficile est d'ouvrir et de fermer le robinet judicieusement, en tenant compte et des capacités personnelles et des intérêts collectifs. C'est cette mission que remplissent, fort imparfaitement selon les Saint-Simoniens les banques privées, trop attachées à la sauvegarde des anciens privilèges. Des banques d'État, pensent-ils, se laisseraient moins facilement alarmer par la diminution des rentes ou la baisse du taux de l'intérêt. Elles sauraient commanditer des entreprises d'utilité publique. Au surplus une Banque Centrale aurait pour rôle de coordonner leurs activités. Et cette Banque ne serait rien moins – selon la formule des Péreire - que le gouvernement dans l'ordre temporel, un gouvernement qui resterait d'ailleurs au service de l'État, constitué lui-même par l'Association des Travailleurs.

C'en est assez pour mettre en lumière les traits distinctifs du socialisme saint-simonien. Un socialisme de producteurs – Maxime Leroy et Élie Halévy y ont insisté avec raison - moins préoccupé de réglementer la consommation ou d'y adapter la production que d'augmenter la somme de biens dont disposerait une humanité qui saurait de mieux en mieux exploiter le globe. Pour mener à bien cette entreprise, place aux capacités ! Les Saint-Simoniens sont à leur façon, comme ils disaient, des « hiérarques ». Non qu'ils veuillent à aucun degré restaurer des castes. Mais il leur faut à tout prix des élites directrices. Et s'il est nécessaire de mieux rétribuer celles-ci, « de les payer selon leurs œuvres », la perspective n'est pas pour effrayer les Saint-Simoniens. Ils sont prêts à admettre la royauté de l'ingénieur. Étant entendu d'ailleurs qu'au-dessus de l'ingénieur lui-même, ils placeraient le banquier, général en chef des armées pacifiques que sont les masses laborieuses : un général en chef qui devrait en même temps, à vrai dire, être un apôtre…

En tout cas, pour ne pas nous laisser effrayer par cette débauche d'étatisme, souvenons-nous bien que l'État conforme à l'idéal de l'industrialisme saint-simonien sera un État transformé, régénéré et, si l'on ose dire, purifié. Purifié des mauvais germes d'autoritarisme incompétent qui sont le legs des politiques guerrières. Les méthodes de l'industrie, qui n'aime pas les contraintes, prévaudront sur celles de la politique. « L'administration des choses remplacera le gouvernement des personnes ». Encore une formule qui n'est pas textuellement saint-simonienne, mais elle correspond exactement aux tendances les plus profondes de l'École, à celles du Maître, à celles des disciples. Et c'est sans doute par ce côté-là de leur pensée qu'ils devaient laisser, sur le monde contemporain, la plus durable empreinte [1].

---

1   Reproduisons ici l'espèce de bilan qu'avait dressé I. Pereire des acquisitions du Saint-Simonisme. « Il est une autre école plus positive que les autres, une école qui, s'appuyant sur l'étude philosophique du passé, a recherché la loi de tous les phénomènes observés, afin de découvrir leur marche et d'en déduire l'avenir : le travail de cette école n'est autre que l'étude de la civilisation elle-même. Elle a renouvelé les bases de la philosophie, de l'histoire et de l'économie politique. Elle a touché à toutes les branches de l'activité humaine, à celles des beaux-arts, des sciences et de l'industrie. Elle a tracé le programme des travaux du XIXème siècle.

Elle est l'initiatrice des chemins de fer en France. Elle a repris l'idée du percement de l'isthme de Suez et en a préparé l'exécution. Elle a émis des idées fécondes sur la réorganisation du crédit. Elle a produit enfin des hommes utiles dans toutes les directions, des hommes qui ont pu réaliser une partie de son programme et qui ont répandu ses idées à tous les degrés de la hiérarchie sociale ; elle en a compté dans les régions du pouvoir comme dans les rangs des républicains. »

Chapitre V

Chapitre VI

Bilan du saint-simonisme (suite)

II. – Aujourd'hui

Après leur expédition d'Égypte, les Saint-Simoniens sont dispersés ; l'heure de la *diaspora* est venue pour eux aussi. Ils reviennent en France et chacun se met plus ou moins tranquillement à gagner sa vie.

Leurs théories saint-simonienne, la grande doctrine, la grande croyance qui les avaient enthousiasmés, ils n'en parlent plus. Ce n'est pas que tous l'abandonnes, quelques-uns la gardent au plus profond de leur cœur, mais enfin, elle ne fait plus entendre ses hymnes, elle ne déploie plus ses étendards sur les places publiques ; on pourrait croire que l'idée saint-simonienne est morte et enterrée. Peut-être cependant vit-elle d'une vie souterraine, peut-être lui adviendra-t-il de ressusciter. On s'apercevra alors que, répondant à des vœux du temps, elle est encore capable de manifester une fécondité qu'on n'espérait plus.

Pour le vérifier, rappelons les différentes tâches que semblait s'assigner le Saint-Simonisme : restaurer la religion, préparer la paix, défendre l'intelligence, organiser l'industrie, construire le socialisme.

*
* *

Le premier point, nous ne nous y arrêterons pas longtemps : la religion saint-simonienne est la partie la plus abandonnée du vieux jardin de Ménilmontant. Le Saint-Simonisme comme religion n'a même pas eu cette fortune dont jouit le Positivisme, de conserver quelques sectes, quelques chapelles encore debout. Le Père Enfantin, obstiné et désireux de se prouver à lui-même qu'il reste fidèle à ses rêves de jeunesse, pourra bien écrire après 1850 une méditation sur *La Science de l'Homme et la Vie éternelle*. Il ne trouvera pas

Célestin Bouglé

d'écho. La religion qui lui était chère semble s'être complètement évaporée et comme volatilisée.

Est-ce à dire que les besoins auxquels il avait voulu répondre, besoins d'enthousiasme, de foi, de ralliement et de règlement soient moins vivement ressentis en 1930 qu'en 1830 ?

Il est difficile d'en juger. On répète souvent qu'après la guerre, de nouveau le sentiment religieux s'est révélé pressant, exigeant. En admettant que le fait soit vrai, on n'a pas vu beaucoup d'âmes tentées de retourner au Saint-Simonisme. Pourquoi ? Parce que d'autres voies s'ouvraient devant elles, et d'abord le christianisme. Le christianisme se prétend capable de s'adapter à tous les besoins de notre époque et spécialement à ses besoins sociaux. N'a-t-on pas vu, au cœur du XIXème siècle, les Buchez, les Pecqueur, les Louis Blanc lier étroitement l'une à l'autre la cause du christianisme et celle du socialisme ? Contre cette identification, les Saint-Simoniens, eux, protestaient, ils accusaient la tradition chrétienne d'être dualiste, d'opposer l'esprit à la matière ; eux voulaient au contraire réhabiliter la chair pour justifier, en même temps que le progrès de l'industrie, l'appel au bien-être des classes malheureuses.

Mais l'antithèse saint-simonienne semble en voie d'être démentie par le cours des événements. En fait, nombre de gens à notre époque peuvent rester attachés ou même retourner au Christianisme sans abandonner pour autant le souci du bien-être et le culte du travail productif. La religion traditionnelle en France a révélé, sur ce point comme sur tant d'autres, une incroyable souplesse d'adaptation. Elle a bien supporté des accommodements avec la guerre : comment n'en aurait-elle pas supporté avec l'industrie ? Michel Chevalier à la fin de sa vie admirait qu'un évêque vînt bénir une locomotive. Pareilles consécrations de nos jours n'étonneraient plus. L'Église, en dépit de l'ascétisme, a décidément fait sa paix avec le machinisme. C'est dire que, envers et contre les Saint-Simoniens, rien ne s'oppose à ce qu'on soit à la fois industrialiste et catholique.

D'autres forces morales peuvent d'ailleurs, sans prendre pour autant les formes saint-simoniennes, jouer le rôle que l'*Exposition de la Doctrine de Saint-Simon* attribuait aux religions. Le socialisme est une de ces forces. L'affirmation étonnera peut-être ceux qui tiennent le marxisme pour la forme éminente en même temps que

Chapitre VI

le terme du socialisme et, d'autre part, sont habitués à le considérer comme une science, comme la science par excellence. Mais, même sous la forme marxiste, le socialisme est une foi. Il tend à l'action en suscitant l'enthousiasme. Laissera-t-il subsister à côté de lui les formes traditionnelles de la foi, ou au contraire prétendra-t-il à lui seul les remplacer en les résorbant ? Les jeunes socialistes en discutent, et de la façon la plus intéressante, lorsqu'ils essaient de préciser les rapports de la doctrine qui leur est chère avec le christianisme ou avec le laïcisme. Et il est visible que beaucoup d'entre eux demandent au socialisme d'être « intégral », de leur fournir une conception de la vie qui tende à une rénovation complète de la civilisation. C'est peut-être à cette puissance de ralliement que pensait Durkheim – lui aussi nourri de Saint-Simonisme - lorsqu'à la fin de son livre sur les *Formes élémentaires de la vie religieuse* il laissait entendre que notre époque pourrait bien connaître des effervescences nouvelles, créatrices de jugements de valeur impératifs.

Mais ce n'est pas cela seulement qu'eussent voulu les Saint-Simoniens eux-mêmes. Qu'on relise les dernières leçons de l'*Exposition*, première année, on verra qu'une religiosité plus ou moins vague, à quelque grand objet qu'elle s'applique, ne saurait leur donner satisfaction. Ils ont essayé de mettre sur pied eux-mêmes, par un effort héroïque, une vraie religion, avec ses dogmes, sa hiérarchie, ses cérémonies. En ce sens et sur ce point, leur échec fut complet.

*

* *

Nous n'en dirons pas autant, bien au contraire, de la deuxième tendance que nous avons distinguée dans le Saint-Simonisme : celle qui vise à l'organisation de la paix par l'extension de l'association. Peu d'idées sont aujourd'hui plus vivantes, plus actives. Et la Société des Nations, où elles s'incarnent, est la preuve qu'elles ont réussi, en s'aidant des réactions provoquées par la dernière guerre, à susciter un puissant mouvement d'opinion.

Les Saint-Simoniens ne sont certes pas les seules à avoir appelé de leurs vœux une organisation de ce genre. Une histoire de ses

Célestin Bouglé

précurseurs ne devrait oublier, par exemple, ni l'abbé de Saint-Pierre chez nous, ni Kant en Allemagne. Mais les conceptions élaborées par les Saint-Simoniens, et d'abord par le Maître lui-même au temps où il collaborait avec Augustin Thierry, sont peut-être les plus proches des réalités d'aujourd'hui. Car ils n'imaginaient pas seulement, pour faire sortir l'Europe de « l'état violent » où ils la voyaient plongée, un tribunal disant le droit, ou des appels à l'arbitrage. Saint-Simon tenait que, pour faire régner le droit entre les Nations, il est bon qu'elles s'habituent de plus en plus à l'action solidaire, qu'elles s'associent, qu'elles s'enchaînent les unes aux autres pour de grandes entreprises d'utilité commune. N'est-ce pas cette conception qui a prévalu à Genève ? Directement ou indirectement, par ses organes propres ou par les institutions qu'elle met en œuvre, la Société des Nations s'applique à des questions d'hygiène, de transit, de finances. Avertie que tout se tient, et que les problèmes politiques sont en tout cas en étroit rapport avec les problèmes économiques, on la voit s'efforcer, comme le voulaient les Saint-Simoniens, de rendre plus rationnelle l'exploitation du globe.

Idées retrouvées, dira-t-on, plutôt qu'idées inspirées du Saint-Simonisme : analogies plutôt que filiations. Peut-être. Saint-Simon n'a pas encore sa statue à Genève, et les délégués des Nations qui s'y réunissent n'ont pas éprouvé le besoin de lui rendre le solennel hommage qu'ils ont rendu par exemple à Rousseau. Il y a pourtant des cheminements d'influences possibles, qu'il ne faudrait pas négliger *a priori*. Nul ne contestera, par exemple, que les *Ligues pour la Paix* qui se sont constituées en Europe avant 1870, puis avant 1914, aient frayé la voie à la Société des Nations. Or, l'une des plus actives de ces ligues, celle qui réunissait un Congrès à Genève dès 1867, la *Ligue pour la Paix et la Liberté*, est bel et bien la fille chérie de M. Le Monnier, le même qui créa le journal intitulé *Les États-Unis d'Europe*, et Le Monnier fut touché en son temps de la grâce saint-simonienne. Nous tenons ici des fils qui sur d'autres points peut-être demeurent invisibles.

En tout cas, de toutes les idées que la Société des Nations s'efforce d'incorporer en des institutions, il en est une qui mérite une attention spéciale, tant elle fut chère au cœur de Saint-Simon, tant elle est caractéristique d'un des aspects de la politique saint-simonienne : c'est l'idée de la coopération intellectuelle internationale.

Chapitre VI

On a installé à l'Institut de la rue Montpensier un buste d'Henri de Saint-Simon. C'est justice. Saint-Simon est là chez lui, à deux pas de ce Palais-Royal où il « causait » ses grands projets. Et celui qu'il avait conçu, dès 1803, à Genève même, trouve ici un commencement d'application (nous avons signalé déjà ces *Lettres d'un Habitant de Genève* que Saint-Simon écrivit pour se consoler, dit-on, d'avoir vu Mme de Staël lui refuser sa main) : Une souscription internationale pour élever un mausolée à Newton ; autour du mausolée, un territoire sacré où l'on construira une bibliothèque, une école, des laboratoires modèles ; pour animer l'œuvre, un conseil de savants qui pourront travailler en toute liberté et donner leurs mots d'ordre aux conseils nationaux : le plan est grandiose. Et personne ne peut songer sérieusement à le réaliser tel quel. Mais dans cette espèce de mythe, on retrouve, on reconnaît les linéaments de conceptions viables. L'attention est utilement attirée sur la nécessité et de libérer et d'organiser la puissance de l'esprit, pour aider le monde à retrouver son équilibre.

Cette primauté de l'intelligence, les disciples en devaient retenir la notion et en tirer diverses conséquences.

Ainsi sont-ils amenés à ouvrir des voies où depuis la guerre on s'est à nouveau engagé. On s'est avisé que l'intelligence aussi méritait d'être défendue. On a constaté que dans le bouleversement de l'après-guerre les valeurs intellectuelles étaient menacées d'une baisse inquiétante. Non seulement parce que leurs gardiens naturels, ceux qui exercent des professions dites intellectuelles, étant moins bien organisés, risquaient de voir diminuer leur situation en même temps que leur rôle. Mais encore parce que la pure culture, source pourtant de tant de richesses, risque de perdre, en même temps que les serviteurs dont elle a besoin, la place à laquelle elle a droit. Pour répondre à des préoccupations pareilles se sont fondées, par exemple, la C.I.T.I. (*Confédération internationale des Travailleurs intellectuels*), ou les *Compagnons des Professions intellectuelles*. Or, sur ce terrain aussi, les Saint-Simoniens sont des précurseurs et pourraient être des guides. D'abord, parce qu'ils ont insisté sur ce fait que les conditions de la bonne production dans l'ordre intellectuel méritaient d'être observées avec autant de soin que dans l'ordre matériel –idée que des hommes comme MM. Otlet et Lafontaine, à Bruxelles, avaient reprise ou retrouvée de leur

Célestin Bouglé

côté avant la guerre. – Les Saint-Simoniens n'allaient-ils pas jusqu'à dire : « Il faut administrer le corps scientifique comme nous avons dit qu'on devait administrer le corps industriel, pourvoir aux besoins de la production et de la consommation intellectuelle par l'habile distribution des travailleurs, des travaux et des produits » ? Il convient d'ajouter qu'ils se sont toujours préoccupés de chercher les talents où ils sont. En ce sens, quelque défiance que leur inspire un égalitarisme intransigeant, ils sont les partisans de ce que les Français appellent l'égalité devant l'instruction, et les Anglais l'égalité des chances au point de départ, des « opportunités ». M. Vandervelde n'avait pas tort qui présentait M. Ernest Solvay, le roi de la soude, fondateur de tant d'entreprises destinées à promouvoir la recherche scientifique, comme « un nouveau Saint-Simon ». Il le loue notamment d'avoir protesté contre les hasards de l'hérédité, grâce auxquels les uns sont jetés tout nus dans l'arène, tandis que les autres y entrent armés de pied en cap, et d'avoir prédit : « Aucun homme ne pourra vouloir pour les débuts d'un autre ce qu'il n'aurait pas voulu pour les siens. Dans cette course laborieuse de l'existence, la plus sérieuse de toutes, il y aura alors l'équitable égalité du point de départ ». Nul partisan de l'école unique n'est plus sévère aujourd'hui pour les inégalités d'instruction au point de départ que ne le furent en 1829 les rédacteurs de la Ve leçon de la *Doctrine de Saint-Simon* : « Non sans doute, l'éducation sans laquelle les vocations les plus prononcées sont frappées de stérilité n'est pas accessible à tous sans distinction, mais c'est encore un privilège que donne la fortune et la fortune elle-même est un privilège presque toujours en disproportion avec le mérité de ceux qui la possèdent ».

Le moyen de remédier à cette injustice, si dangereuse pour le progrès social, ce serait sans doute un nouvel aménagement des divers degrés de l'instruction – et les Saint-Simoniens, sur ce point, ne manquent d'avoir leur plan qui ferait une grande place, non seulement à une culture générale unifiante, mais à des préparations professionnelles de nature technique. Un palliatif, en attendant, ce serait une nouvelle organisation du *crédit intellectuel*, qui mettrait des avances à la disposition des talents. Le *Producteur*, la revue récente qui a repris le titre de la revue de 1825, en consacrant un numéro à ce sujet, déclare justement qu'elle espère, avec les forces

Chapitre VI

nouvelles fournies parle syndicalisme, ramener au jour et pousser dans la vie cette grande idée saint-simonienne. Bourses, Prêts d'honneur, plus récemment Caisse nationale des sciences, toutes ces institutions sont autant d'incarnations de cette même idée. Et c'est la preuve que notre politique intellectuelle, comme on dit quelquefois aujourd'hui, est, qu'on s'en doute ou non, tout imprégnée de saint-simonisme.

*

* *

Mais il va de soi que la partie essentielle, le cœur du Saint-Simonisme est dans la politique industrielle. Pour mieux dire, et pour reprendre les expressions de Saint-Simon lui-même, aux yeux de ses disciples comme à ses yeux, la politique sans l'industrie est un mot vide de sens. Si donc il leur avait été donné de jeter un regard sur notre temps, ce sont assurément les efforts de l'industrie pour décupler sa puissance en s'organisant plus rationnellement qui les auraient le plus vivement intéressés.

Et ici il est facile de prouver que les Saint-Simoniens ont, non pas seulement prévu et demande, mais directement préparé les grandes opérations de coordination auxquelles nous avons assisté et qui se poursuivent sous nos yeux.

Perceurs de canaux et poseurs de rails, disions-nous, la plupart des Saint-Simoniens ont été hantés par des préoccupations d'ingénieurs. Ils ont été, eux d'abord, de hardis capitaines d'industrie. Nous avons signalé la part qu'ils avaient prise, en Égypte, à l'élaboration du projet du canal de Suez. L'idée avait été conçue par Fournel, adoptée par Enfantin, reprise par Michel Chevalier. L'honneur ne revint à aucun d'eux pourtant de faire passer l'idée à l'acte. Il fallut attendre Lesseps. Mais Enfantin pouvait justement dire avec un mélange d'orgueil et de mélancolie : « Sans doute il sera bon et juste que l'on sache dans l'avenir que l'initiative de cette réalisation gigantesque a été prise par ceux-là mêmes en qui le vieux monde ne voulait voir que des utopistes, des rêveurs et des fous. Mais fiez-vous à l'Histoire pour cela… »

Plus connu est dès aujourd'hui leur rôle dans la création des réseaux de chemins de fer. Dès 1826, dans le *Producteur*, Dubochet prédisait avec complaisance que « les routes à ornières de fer » seraient « des sources abondantes de richesse et d'améliorations sociales », qu'elles entraîneraient une grande révolution dans l'état de la société, peut-être égale à celle qu'entraîna naguère la navigation elle-même. Entre 1830 e 1850, les Saint-Simoniens revinrent vingt fois sur ces perspectives. Dans le *Système de la Méditerranée*, en 1832, Michel Chevalier s'enthousiasme en se représentant le réseau de fer qui va rétrécir le globe en l'étreignant. La même année, les frères Flachat, aidés de Lamé et Clapeyron, précisent leurs projets dans leurs *Vues politiques et pratiques sur les travaux publics en France*. Avec quelle intelligent énergie les Péreire s'attachent à faire aboutir ces plans, on peut le voir dans la longue série des volumes où leurs écrits ont été pieusement recueillis. Aidés de collaborateurs où l'on retrouve bien une vingtaine de Polytechniciens teintés de Saint-Simonisme, ils établissent en 1832 la ligne Lyon-Saint-Etienne, en 1835 Alais-Beaucaire, en 1842, Paris-Saint-Germain, font voter, malgré l'opposition de Thiers qui manque totalement ici d'imagination, le projet de loi décisif.

Ils ne négligent d'ailleurs pas de prépare la fusion des Compagnies particulières qui se sont créées pour l'exploitation des chemins de fer. Et Enfantin lui-même, devenu administrateur du P.-L.-M., se donne avec ardeurs à cette œuvre de coordination, caractéristique du génie saint-simonien.

Coordination, voire concentration, tels sont bien en effet les mots d'ordre des anciens collaborateurs du *Producteur* et de leurs disciples. Laisser les entreprises se multiplier et s'agrandir au hasard, sans lien entre elles, ne serait-ce pas le meilleur moyen de perpétuer l'anarchie industrielle ? C'est pourquoi les Saint-Simoniens, à qui elle fait horreur, sont sympathiques à toute entente qui permet, directement ou indirectement, l'augmentation du rendement, l'abaissement des prix de revient, la répartition des matières premières ou des marchés. Mais comment réaliser ces ententes elles-mêmes s'il ne se constitue pas des organismes – commanditaires de l'industrie, comme disait Rouen dans le *Producteur* dès 1826 - pour mettre le crédit à la disposition des entreprises ? D'où le rôle primordial des banques dans la conception saint-simonienne : le banquier pour eux est à l'industrie ce que le général est aux armées.

Les Péreire, les plus pratiques des rêveurs, passent eux-mêmes à l'action. Ils créent en 1852 le Crédit foncier, puis le Crédit mobilier. Veut-on voir comment ils justifiaient cette dernière création ?

> La pensée du Crédit mobilier est née de l'insuffisance des moyens de crédit offerts à l'organisation des grandes affaires du pays, de l'isolement où ont été réduites les forces financières en l'absence d'un centre assez puissant pour les lier entre elles ; elle est née du besoin sur le marché du concours régulier de capitaux nouveaux destinés à faire face au développement du crédit public et industrie ; elle est née de l'exagération des conditions auxquelles se faisaient les prêts de fonds publics et des difficultés qui en naissaient pour le placement définitif des meilleurs valeurs ; elle est née encore du besoin de centraliser le mouvement financier et administratif des grandes compagnies et notamment des capitaux dont chacune dispose successivement, de façon à ménager les ressources communes aussi bien au profit des compagnies qu'à celui de leurs nombreux actionnaires ; elle est née enfin de la nécessité d'introduire dans la circulation un nouvel agent, une nouvelle monnaie fiduciaire.

Rarement vit-on pensée plus consciente de financiers organisateurs. On reconnaît ici le style de ceux qui devaient qualifier la banque d'« âme économique », et d'autre part déclarer que dans l'ordre temporel, elle ne constituerait rien moins que le gouvernement.

Dans quelle mesure ces pensées sont-elles aujourd'hui vivantes ? Ces exemples ont-ils été suivis ? Ces grands organisateurs ont-ils trouvé des successeurs qui, parfois les connaissant, parfois les ignorant, continuent leur œuvre de coordination ?

On a longtemps répété que le Français, même en industrie, restait individualiste, incapable de respecter une discipline, de consentir un accord, que par suite cartels et trusts seraient chez nous particulièrement difficiles à acclimater. Encore un thème à abandonner. Avant la guerre déjà de grandes industries avaient réussi à constituer des sortes de syndicats – dont le Comité des Forges

Célestin Bouglé

est l'exemple le plus fameux - et à faire vivre des ententes pour l'établissement des prix et la répartition des commandes. M. Robert Pinot, dont on sait la compétence en cette matière, fait remarquer qu'on a longtemps préféré en France, à la formule du trust ou du carte, celle du comptoir, plus soupe, plus adaptable à nos habitudes. Mais sous une forme ou une autre, sous un nom ou un autre, des ententes s'établissaient qui limitaient le laissez-faire. Pendant la guerre, on se doute bien que cette limitation se fit plus étroite. En se mettant « au service de la nation », comme dit M. R. Pinot encore, les grands industriels étaient bien obligés de s'entendre entre eux en présence de l'État et sous son contrôle. Beaucoup pensaient, à vrai dire, que ce régime de guerre ne serait plus, la guerre finie, qu'un souvenir. Mais le désordre d'après-guerre ne rendait-il pas à son tour nécessaires les efforts d'organisation ? M. Charles Rist, dans la *Revue d'Économie politique* rénovée, déclarait que nous avions plus que jamais besoin d'un bain de Saint-Simonisme. En fait, un grand travail de construction a été accompli. Ouvrons par exemple le livre de M. Villey, qui date de 1922, sur l'*Organisation des Employeurs dans l'industrie française*. On y voit se constituer toutes sortes de groupements, non seulement professionnels, mais interprofessionnels et régionaux. Ils tendent à se fédérer et en même temps à se spécialiser. On les voit se coordonner pour agir sur le régime douanier, sur la législation ouvrier, sur l'outillage et les techniques, sur la formation professionnelle. Ils ont décidément passé du « caractère défensif » au « caractère actif » et leur sphère d'action commune s'élargit chaque jour. Un pareil mouvement conduit un grand nombre de chefs d'établissement à constituer à leur tour une *Confédération générale de la Production française*, qui, utilisant les lois de 1884 et de 1901, crée des « Unions » de toutes sortes, les classe, les fédère, les entraîne à s'attaquer ensemble aux problèmes non seulement d'ordre social et ouvrier, mais d'ordre économique et commercial, à touts ceux dont la solution intéresse en commun les « producteurs ». Ainsi, de toutes parts, sous nos yeux, grandissent des édifices nouveaux. Ils n'ont pas encore trouvé sans doute leur forme définitive. En tous cas, puisqu'ils sont bâtis pour défendre l'industrie, par l'association, contre les effets anarchiques du laissez-faire, ils auraient réjoui les collaborateurs du *Producteur* et de l'*Organisateur* : toute

Chapitre VI

cette architecture est bien de style saint-simonien.

*

* *

Mais une organisation comme celle-là peut-elle se développer sans l'appui, sans le contrôle de l'État ? Qu'il s'agisse de l'établissement des prix, du niveau des salaires, de la répartition des crédits, la puissance qui représente l'ensemble de la Nation n'a-t-elle pas fatalement son mot à dire ? Les Saint-Simoniens l'auraient sûrement pensé, qui tendent à faire de l'État, comme nous l'avons vu, le régulateur universel. Mais à la condition formelle, avons-nous ajouté, que l'État change ses méthodes, qu'il n'intervienne pas ici avec la lourde puissance coercitive qui est le legs de la politique, qu'il apprenne à administrer en gouvernant moins ; c'est-à-dire, comme l'indiquait déjà Saint-Simon lui-même dans sa parabole des deux caravanes, à traiter moins les hommes en sujets qu'en sociétaires, c'est-à-dire encore à admettre, dans l'administration de type nouveau, la collaboration des intéressés et des compétents. L'Étatisme à la manière saint-simonienne ne saurait être qu'un Étatisme mitigé, voulant exercer un contrôle, mais se posant à lui-même des limites, prêt à chercher des dirigeants en dehors des gouvernants, et à faire reculer la politique devant la technique.

Mais ces formules mixtes, ces régimes hybrides, n'est-ce pas justement ce que notre temps cherche de tous côtés avec ardeur ? Syndicalistes et coopérateurs, juristes et économistes, partisans de l'« économie dirigée » ou de l'« économie mixte » démontrent la nécessité de ces formations nouvelles. Voici M. Maxime Leroy qui, annonçant l'un des premiers l'avènement du IV° pouvoir, le pouvoir professionnel, déclare compter sur celui-ci et sur l'action non seulement de syndicats, mais d'offices de types divers, pour amener l'État à changer enfin ses méthodes d'administration régalienne. Voici M. Bernard Lavergne qui se réjouit de voir se constituer des entreprises de type coopératif où l'État, actionnaire, garde sa part de contrôle. Voici M. Jouhaux qui, lançant la formule du nationalisme industrialisé, demande que tout en soustrayant les entreprises à l'anarchie de la concurrence, on évite aussi de les lais-

Célestin Bouglé

ser écraser par une bureaucratie étatique : l'entreprise nationale de type nouveau doit opposer ses méthodes à la fois, suivant lui, aux méthodes d'exploitation individuelle et capitaliste et à l'administration bureaucratique traditionnelle des monopoles. Il convient, dira de son côté M. Léon Blum à propos des chemins de fer, de trouver un organisme sachant se défendre et nous défendre contre les retours offensifs de la féodalité industrielle, mais employant pour l'intérêt public ce qu'il y a de fécond dans les méthodes d'intérêt privé. Voici enfin M. François-Poncet qui, inaugurant une des sessions de ce Conseil National Économique – de tour assez saint-simonien, dit M. Maxime Leroy- où des représentants du travail, du capital, de la population, de la consommation sont appelés à collaborer avec des représentants de l'État, met en lumière la série de faits nouveaux dans l'ordre économique qui amènent un glissement du plan individuel vers le plan général, du plan national vers le plan international, du plan de la liberté économique vers celui de l'ordre économique. « Devant l'amplitude des transformations incessantes aux répercussions imprévisibles qui sont la loi du monde économique contemporain, l'État, ajoute-t-il, doit être arbitre, régulateur, conciliateur, directeur. Il importe que nous ne retombions pas dans les errements de l'étatisme classique. Il nous faut une économique qui ne se rapproche point de l'économie socialiste, mais s'éloigne de l'ancienne économie libérale ».

Dans la recherche de ce système, hybride et intermédiaire, que le Sous-secrétaire d'État de l'Économie Nationale soit comme hanté lui aussi par des souvenirs saint-simoniens, il en donnera la preuve devant la Chambre, en définissant ce que doit être selon lui l'esprit du capitalisme moderne ; un néo-capitalisme pénétré de la notion de sa responsabilité sociale, et du sentiment de la solidarité de tous les éléments de la production. « Ce capitalisme, ce n'est pas la réaction ; nous avons la conviction, au contraire, que c'est le progrès, que c'est l'avenir, l'avenir qui doit rénover et féconder la notion de politique et nous enseigner que, comme l'avait annoncé Saint-Simon, la politique, demain, ce ne sera plus autre chose que la science de la production ».

Beaucoup parmi les organisateurs dont nous résumons les tendances font, vraisemblablement, du Saint-Simon comme M. Jourdain faisait de la prose, sans le savoir. Mais il n'en manque pas – on

Chapitre VI

vient de le voir par quelques exemples - qui sont conscients de la tradition qu'ils veulent faire revivre. Tant et si bien que pour donner corps à cette volonté, un groupe s'est constitué, un organe a été créé qui a repris tout exprès l'antique enseigne des premiers disciples de Saint-Simon : entre 1920 et 1923 a paru un nouveau *Producteur*. Soutenu par des ingénieurs, des financiers (parmi lesquels, comme naguère, des Polytechniciens) et des intellectuels, le *Producteur* se place solennellement sous le patronage de Saint-Simon. Non sans doute qu'il adopte tel quel le patrimoine traditionnel du Saint-Simonisme. Il en retranche et il y ajoute. Il y ajoute par exemple une apologie de l'individu – inspirée, semble-t-il, et des attitudes Stendhal et des batailles de M. Bédier contre les abus du romantisme en matière de littérature épique - ce qui est assez difficile à concilier avec ce qu'on peut appeler déjà le « sociologisme » des Saint-Simoniens, aussi net chez les disciples que chez le maître. Mais pour le problème qui nous occupe actuellement – rapport de l'économique et du politique -, les collaborateurs du nouveau *Producteur* sont bien d'accord avec l'esprit de l'ancien. « Qu'on ne nous demande nos opinions ni en politique intérieure, ni en politique extérieure. Pour le moment du moins, nous ne saurions répondre que d'une manière détournée par des mots tels que : charbon, azote, engrais, houille blanche, crédit, bureaux d'organisation, culture technique, culture générale ». M. Francis Delaisi, qui reprend avec enthousiasme cette déclaration dans la préface de son livre sur le Pétrole, y semble voir en effet une sorte de déclaration de guerre à la politique : il est temps de barrer la route aux concepts désuets que celle-ci introduit dans le monde des affaires. La Chambre des Députés, dira M. Marquet, est un Musée de Doctrines. Un député est un homme-doctrine. Il s'agit donc, en s'appuyant sur la tradition saint-simonienne, de refouler les « doctrines », de faire taire les jeux et les batailles d'opinion, pour mettre en présence les hommes ou les organismes qui, de façon « franche et ouverte », représentent les intérêts et possèdent les compétences. Une fédération de bureaux techniques et de groupements professionnels, c'est peut-être la forme que prendra, selon ce système, l'État de l'avenir.

Il y a une chose, à vrai dire, qu'on paraît oublier dans cet organe néo-saint-simonien, ou du moins qu'on passe volontiers sous si-

Célestin Bouglé

lence : c'est la question sociale elle-même, c'est le problème de la situation faire aux travailleurs, et spécialement aux masses laborieuses, salariées par l'industrie. Les auteurs croient-ils que l'amélioration du régime de la production entraînera une amélioration suffisante des conditions de vie de tous les producteurs, jusqu'au plus humble manœuvre ? En tout cas, tels d'entre eux paraissent compter sur leur programme d'organisation pour enlever le mouvement ouvrier à l'emprise du socialisme. Le Bureau technique, déclare M. Darquet, ne connaîtra plus la distinction des classes. L'ouvrier porteur d'un projet y trouvera du crédit aussi bien qu'un autre. Il aura d'ailleurs sa place marquée dans le « syndicat des épargnants ». Il ne lui reste donc rien, semble-t-il, à réclamer en tant qu'ouvrier ? Ce serait donc un Saint-Simonisme édulcoré qu'on voudrait nous offrir, privé de tout ce qui faisait la portée réformatrice des leçons centrales de l'*Exposition de la Doctrine* ?

Mais on sait assez que, pour recueillir ces germes, d'autres héritiers se sont rencontrés, et au premier chef le parti socialiste S.F.I.O. Parti essentiellement marxiste, direz-vous. C'est au *Manifeste Communiste*, au *Capital*, à l'*Anti-Dühring* qu'il emprunte ses thèmes. Et il y reste fermement attaché, en raison même des succès de propagande que le commentaire de ces « dogmes » lui a valus. Il ne voudrait pas, sans doute, boire aujourd'hui à d'autres sources ? C'est possible. Mais la source où il boit est alimentée elle-même par des lacs plus haut placés dans la montagne. Le marxisme est pour partie une réédition du Saint-Simonisme. Marx a été particulièrement sévère pour les Saint-Simoniens : « moitié prophètes, moitié escrocs ». Est-ce peut-être justement parce qu'il sentait leur devoir beaucoup ? En tout cas, il a longtemps que M.Ch. Andler a montré, dans son Commentaire du *Manifeste Communiste*, qu'on y voit affleurer les rédacteurs de l'*Exposition de la Doctrine* . Étudiant les passages où Marx et Engels représentent les ouvrier comme les héritiers du serf, du plébéien, de l'esclave, et ceux où ils dénoncent les méfaits de l'anarchie industrielle, il peut écrire : « Bazard est ici la source constante du *Manifeste* ».

Il va sans dire que pour constituer le stock des traditions socialistes, beaucoup d'apports divers s'ajoutent à l'apport saint-simonien. Es disciples du Messie-gentilhomme, fiers eux-mêmes de leurs capacités, persuadés que la production ne saurait s'organiser sainement que par une hiérarchie plaçant les talents à son sommet, ne sont nullement « ouvriéristes », comme on dit aujourd'hui. Ils ne sont même pas démocrates. Ils ne sont pas, *a fortiori*, révolutionnaires. L'organisation dont ils rêvent, celle qui leur paraît avant tout indispensable, c'est une organisation par en haut, plutôt qu'une organisation par en bas. Ils ne voient pas tout de suite, dans l'entente des prolétaires, une condition des transformations de la propriété. De même, ils ne semblent pas attribuer grand intérêt, pour l'application des réformes qu'ils méditent, à la pression exercée parles peuples sur les gouvernements. Enfin, l'idée d'un coup de force monté par des prolétaires décidés, et décrétant la Révolution, leur ferait horreur, si seulement elle pouvait se présenter à leur esprit comme une possibilité sérieuse. C'est sous d'autres influences que ces trois éléments –l'ouvriériste, le démocratique, le révolutionnaire- s'incorporeront à la doctrine socialiste.

Il n'en reste pas moins que lorsque celle-ci veut, non pas seulement critiquer le libéralisme classique, mais esquisser un plan d'action constructive, elle se retourne naturellement vers le Saint-Simonisme. N'est-ce pas sur les préoccupations qu'ils ont héritées de lui que les socialistes tablent pour se distinguer des partis qui ne sont pas démocrates et qui semblent, pour réaliser les réformes exigées par les prolétaires, compter sur la manière forte chère à la politique jacobine ? L'un des jeunes orateurs les plus écoutés des Congrès socialistes, Marcel Déat, opposant justement socialistes et jacobins, faisait observer que les socialistes avaient avant tout à s'inspirer de la tradition saint-simonienne ; celle-ci veut qu'on prépare « l'administration des choses » par toutes sortes d'organisations qui, n'étant pas sous la coupe de la politique, ne sauraient user de ses méthodes, et ne peuvent utiliser l'État qu'en le transformant.

Il est vrai qu'en prenant cette position, le nouveau leader ne fait pas seulement pièce aux radicaux-socialisants. Ses balles atteignent par ricochet tels membres de son propre parti qui, se contentant de répéter des formules propres à ameuter les masses prolétariennes, semblent croire que du jour où celles-ci auraient conquis le pouvoir, soit par le verdict des urnes électorales, soit de haute lutte, tout serait gagné, les fours seraient chauds et le pain cuit pour le socialisme. Il y faut, selon l'auteur des *Perspectives socialistes*, une tout autre préparation. Il y faut non seulement la col-

Célestin Bouglé

laboration des syndicats, mais des coopératives, et non seulement des ouvriers, mais des paysans. A élaborer les plans nécessaires à cette action positive, M. Déat se trouve amené à construire une sorte de néo-socialisme sous le signe du Saint-Simonisme, comme M. François-Poncet sous le même signe semblait construire un néo-capitalisme. Et peut-être en effet les luttes et les accords de ces deux forces – néo-capitalisme et néo-socialisme - sur un terre-plein formé d'alluvions saint-simoniennes, c'est la partie capitale, c'est l'essentiel du drame confus qui se joue sous nos yeux.

Chapitre VI

Chapitre VII

Bilan du fouriérisme

I. – Hier

Que le Saint-Simonisme lègue à la postérité des idées fécondes, aptes à s'insérer dans la pratique économique et sociale de nos jours, cela peut sembler paradoxal, disions-nous, à qui se représente le caractère aventureux et la vie tumultueuse tant du Maître que de la plupart de ses disciples. Le succès des inventions fouriéristes nous sera aussi un sujet d'étonnement. Non que le Maître de cette École-ci soit à aucun degré un touche-à-tout agité : nulle carrière plus tranquille, voire plus monotone, que celle du « sergent de boutique » que fut Charles Fourier. Mais cet employé paisible était doué d'une imagination exubérante, qu'aucune réalité, semblait-il, n'était capable d'arrêter. Il est de la lignée des Campanella, des Morris, des Wells. Parfois même il fait penser à Alphonse Allais. Roi des utopistes, pour ne pas dire Pape des fous. Dans le monde où il vit, pullulent et s'entrecroisent des rêveries d'architecte, de fleuriste, de maître de ballet, et aussi de maître-queux. Des palais, des palaces s'élèvent, unis par des rues-galeries, au milieu de champs de fleurs que des groupes chantants et dansants se plaisent à soigner. Des enfants passent et repassent, qui vont de la cuisine à l'Opéra, et mettent leur joie à exécuter les travaux de voirie les plus malodorants. Fourier voit vivre et fait vivre devant nous ces *papazzi*. Il prévoit avec une minutie paternelle les moyens de donner satisfaction à tous leurs besoins. Il se pose à leur propos, avec le plus grand sérieux, les problèmes les plus bizarres : par exemple, comment utiliser les volailles coriaces ? comment faire aimer les mathématiques à une jeune fille qui aime l'ail ? Il faut avouer que ces élucubrations, présentées d'ailleurs en un vocabulaire très particulier –pivots et postfaces, vibrations ascendantes et descendantes- déconcertent, si elles ne rebutent pas, le lecteur non averti.

Mais ayons le courage de passer outre. Là aussi cherchons la substantifique moelle : cherchons le dieu, comme dit Charles Gide,

Célestin Bouglé

prophète chez nous de Charles Fourier, à l'intérieur de la poupée d'argile. Nous nous apercevrons alors, en faisant le compte des vérités découvertes, des possibilités entrevues, des nécessités démontrées par ce grand visionnaire, lui aussi « romantique », que les anticipations de Fourier valent non seulement par le détail, mais dans l'ensemble. Il ne s'est pas montré seulement, à l'égard du présent de son temps, le critique le plus aigu, le plus amer –car ce rêveur sait être parfois un Jérémie. Ajoutant à la négation la construction, il a préfiguré des parties d'avenir avec une fermeté de dessin sans pareille.

*

* *

Le point de départ de sa philosophie ? Un anti-ascétisme systématique. Toutes les contraintes que les moralistes font peser sur la nature humaine lui sont odieuses. Spécialement il en veut au christianisme de déprécier le luxe et de condamner les instincts. On sait qu'au début du XIXème siècle encore –les réflexions de Buonarroti entre autres en font foi- tendance chrétienne et tendance spartiate, saintes huiles et brouet noir, se combinaient contre la tendance athénienne, favorable à la multiplication des produits et au raffinement des besoins. Fourier embrasse ce dernier parti avec enthousiasme. Il est assurément le plus païen des moralistes modernes. Plus chaleureusement encore que les Saint-Simoniens, il est prêt à réhabiliter la chair. Et il entend bien, non pas seulement ne faire aux enfants nulle peine, mais ne rien refuser aux passions. Ne serait-ce pas au fond faire injure à Dieu même ? Du moment où Dieu a mis en nous tels ressorts irrésistibles, ne serait-il pas absurde qu'il nous interdît de les déclencher ? Tel est le sens de la formule mystérieuse que les disciples de Fourier gravèrent sur sa tombe : « les attractions sont proportionnelles aux destinées ». C'est pourquoi aussi la sagesse la plus élémentaire nous commande de « capituler avec cette sirène » qu'est la nature, d'écouter ses avertissements, de déchiffrer ses symboles, d'obéir enfin à la loi d'attraction du monde moral que Fourier, nouveau Newton, a découverte ; aux chaînes de fer de la contrainte, préférons hardiment la « chaîne de fleurs » qui

Chapitre VII

unit l'univers.

Ces passions que Fourier prétend combler, il en distingue plus de 800 nuances. Il s'acharne avec une minutie sans exemple à les bien caractériser pour les pouvoir pleinement satisfaire. Contentons-nous de retenir le résultat général de toute cette psychologie : elle arrive à point nommé pour réagir contre la psychologie simpliste dont les inventeurs de l'*homo œconomicus* avaient usé et abusé : Fourier ne méprise pas moins ces économistes que les moralistes. Ils ont cru qu'on pouvait réduire l'activité humaine à un mobile : celui du gain. Mais en fait, les hommes, même dans la vie économique, aiment à combiner leurs efforts, à en comparer les résultats, à mettre en concurrence les groupes qu'ils composent, enfin et surtout à varier leurs plaisirs. Cette « papillonne », plus encore que la « composite » et la « cabaliste », a fait parler d'elle. On a cru que Fourier demandait, conseillait la licence en amour avant toutes choses. Et ce souvenir n'est pas pour peu dans la tradition qui a si longtemps présenté les socialistes en France –les « réformateurs » de Louis Reybaud- comme les destructeurs, non seulement de la propriété, mais d'abord de la famille. En fait, Fourier est bien loin de dédaigner un accroissement de liberté sexuelle. Mais c'est surtout au travail qu'il pense, au travail dont il veut rompre la monotonie et faire un plaisir, un plaisir sans cesse renouvelé, pour atteindre le but qui lui tient par-dessus tout au cœur : l'accroissement de la production, un accroissement inconnu, invraisemblable, incommensurable.

On sait quelle forme doit prendre ce Paradis terrestre : le Phalanstère, chef-d'œuvre de Fourier, où se synthétisent en effet ses rêves d'architecte, de jardinier, de cuisinier. Un palais s'élève au centre d'un canton d'essai d'une grosse lieue carrée, où peuvent se rassembler 1600 sociétaires ; on y trouve bibliothèque, salles d'études, salles de repos. Aux ailes, des salles de travail et de jeux pour enfants. Les pavillons sont reliés les uns aux autres par des passages vitrés et chauffés. Sur les tables de la salle à manger commune, 30 à 40 plats attendent les consommateurs. Ils ont déjà goûté comme travailleurs les plaisirs de la variété, puisqu'ils sont répartis en équipes qui volent d'occupations en occupations, de la menuiserie à l'horticulture, de la culture des cerises à celle des roses. Les « séries passionnelles » aboutissent à un faste productif sans exemple.

Célestin Bouglé

Fourier pense avoir découvert par cette organisation le moyen de quadrupler subitement le produit effectif, de vingtupler le relatif, -ce qui multipliera de façon inouïe la somme des jouissances.

Devant cette perspective, Fourier ne se tient pas d'aise. Il craint, dit-il, que si l'on découvre trop brusquement aux hommes cette « féerie sociétaire » ils n'en meurent de saisissement. En tout cas, il les plaint d'avoir attendu des siècles une recette qui leur apporte le salut.

Après de pareilles débauches d'imagination, il n'est pas étonnant que Marx range Fourier parmi les inventeurs qui ne tiennent pas compte des phases de l'évolution. Proudhon de son côté le traite d'idéomane fasciné et l'assimile à un maître de ballet qui fait évoluer les groupes à son caprice. Il aurait donc méconnu qu'il y a des lois en histoire, et que telles lentes transformations sont nécessaires avant que d'autres apparaissent comme possibles. Condamnation sommaire : les utopistes exécutés par Karl Marx ont presque tous construit eux aussi leur philosophie de l'histoire. Fourier ne manque pas à la règle. Il sait fort bien distinguer les échelons que les sociétés doivent parcourir pour passer de la « barbarie » à la « civilisation » et de celle-ci au « garantisme ». En particulier il accorde qu'il fallait « au moins un laps de 20 siècles pour élever l'industrie, la science et les arts au degré de perfection qu'exige l'entreprise de l'ordre combiné ».

*

* *

Mais plus encore que sa théorie du passé, ce sont les vues d'avenir de Fourier qui nous intéressent : ce sont les consignes que le présent peut demander à son système.

Un premier thème s'en dégage aisément, qui distinguera le Fouriérisme du Saint-Simonisme : primauté du consommateur. Que faire pour le bien vêtir, le bien alimenter, augmenter son bien-être, décupler ses jouissances, c'est à ces problèmes que s'attache Fourier avec toute l'ingéniosité minutieuse dont il est capable. De toute technique, de toute méthode qu'on lui présente, il semble demander d'abord, « nos tables en seront-elles mieux garnies ? ». Et ce sont des recettes d'hôtelier-philanthrope qu'il se réjouit surtout d'apporter à l'humanité. L'art qu'il prétend apprendre à tant de familles qui vivent chichement, parce qu'isolément, n'est autre que l'art du ménage collectif, qu'on ne peut pratiquer qu'au sein d'une association domestique élargie.

Des préoccupations comme celles-là expliquent qu'ils se réclameront volontiers de Fourier, ceux qui voudront de nos jours rappeler à l'économie politique que le règne du consommateur doit enfin venir.

Un autre trait, qui éloigne Fourier des Saint-Simoniens autant qu'il le rapproche des Physiocrates : ses préférences pour l'agriculture, qu'il aime surtout sous les espèces de l'horticulture. Faire produire à la terre une profusion exubérante de légumes, de fruits, de fleurs variées, c'est la première ambition du Phalanstère. Les manufactures n'y sont jamais qu'accessoires et compléments. Fourier ne les y admet qu'à regret, semble-t-il, surtout si elles doivent permettre des spéculations hasardeuses. Ne se déclare-t-il pas prêt à dissiper les illusions de l'industrialisme ? S'il imagine des armées industrielles (où ne manqueront les bayadères ni les bacchantes), c'est surtout pour gagner de la terre à la culture, pour défricher, pour endiguer, non pour construire des usines. Le décor mécanique de la grande industrie, familier aux Enfantin et aux Péreire, n'éveille aucune sympathie chez Fourier : c'est plutôt au milieu des vergers, devant des champs d'œillets ou de roses, qu'il aimait à se promener en imagination.

Du moins sait-il fort bien, avec une netteté que n'ont pas dépassée les rédacteurs du *Producteur*, les inconvénients, les dangers de toutes sortes que présente la forme actuelle de la grande industrie, telle que l'Angleterre l'a fait connaître au monde. Sa pensée rejoint ici celle de Sismondi, l'auteur des *Nouveaux principes d'économie politique*, le père de l'économie sociale, l'homme qui a le plus clairement opposé aux ambitions de la « chrématistique » les exigences de la « philanthropie », et dénoncé les méfaits d'une surproduction accompagnée d'une sous-consommation.

Emboîtant le pas derrière Sismondi, mais ajoutant aux arguments de l'économiste sa verve truculente, Fourier stigmatise la « fausse industrie, morcelée, répugnante, mensongère ». Il montre

Célestin Bouglé

que la « manie de produire confusément » déchaîne des « crises pléthoriques » où l'on voit la pauvreté naître de la surabondance même. La concurrence entre industriels aboutit-elle ici ou là à une concentration ? Ce n'est pas encore au profit de la masse. Aucune garantie n'est donnée au salarié de participer à l'accroissement des richesses. Fourier va jusqu'à dire : « Les manufactures prospèrent en raison de l'appauvrissement de l'ouvrier ». Et de découvrir, de classer avec la minutie méthodique qui lui est propre les « disgrâces des industrieux », maux puissants, directs ou indirects dont ils sont accablés : non pas seulement la misère qui les atteint dans leur santé et dans celles de leur famille, mais tous les « malheurs idéaux » dont ils souffrent par les comparaisons qu'ils peuvent faire, par les perspectives qui leur sont bouchées, par l'incertitude de leur situation. Qui a plus âprement dénoncé les contrecoups de l'anarchie industrielle ?

Il y a pourtant un des aspects de notre civilisation qui inspire à Fourier une horreur spéciale. On pourrait dire que le commerçant est pour lui un ennemi personnel. Employé de commerce lui-même, il a vu de près, dès la boutique du marchand drapier son père, les petites supercheries ou « licences de fourberie » du comptoir. Il a constaté avec stupeur que le prix d'une pomme décuple entre Besançon et Paris. Il rend responsable de la cherté de la vie la classe des intermédiaires, « classe improductive, mensongère, malfaisante, économicide ». Il déclare que les neuf dixièmes des commerçants et les deux tiers des agents de transports sont inutiles et par conséquent nuisible. Il s'indigne que l'agriculture, fonction principale, soit asservie au commerce, fonction accessoire. Sur ce thème, Fourier est intarissable. Il réserve sa plus belle collection d'invectives aux avocats du parasitisme commercial.

Par où l'on voit que la pensée de l'utopiste par excellence est elle aussi une pensée critique. Les fléaux qu'il dénonce sont précisément ceux contre lesquels s'acharnera le socialisme, les arguments qui forment le nerf de son réquisitoire sont ceux que le socialisme développera à satiété.

*

* *

Chapitre VII

Mais si nous considérons la partie constructive et non plus la partie négative de son œuvre, vers quelles espèce de socialisme faut-il dire qu'il oriente les esprits ? Vers un socialisme qui ne serait en tout cas ni démocratique, ni collectiviste, qui ferait bon marché de la liberté politique comme de l'égalité intégrale, et qui ne préconiserait ni la lutte des classes ni le retour à la nation des moyens de production.

Fourier éprouve autant de répugnance que Saint-Simon pour un égalitarisme niveleur. Il n'est pas disposé non plus à déclarer que tout est dû aux ouvriers, que toute valeur vient d'eux et doit leur retourner. Il proclame le Capital et le Talent aussi nécessaires que le Travail à la bonne marche des entreprises. Il leur fixe à chacun une part, lorsque l'heure vient de la répartition des bénéfices. A vrai dire, il ne veux pas la mort des classes, mais seulement l'atténuation des conflits qui les séparent dans l'ordre, ou le désordre, actuel. Il déplore, il dénonce, en un raccourci saisissant, le ton de leurs rapports : « échelle ascendante de haine et descendante de mépris ». Et il compte que ses arrangements, amenant les gens de diverses origines à collaborer en groupes qui s'entrecroisent, pourront opérer une « fusion des classes par accord affectueux ». En attendant, il avertit qu'il vient pour « enrichir toutes les classes de citoyens sans spolier aucune d'elles ».

Il y a en tout cas une porte que Fourier entend bien fermer : celle de la politique. La tactique qui s'impose, à ses yeux, vis-à-vis des partis qui se battent pour la réforme de la constitution ou la conquête du pouvoir, est celle de « l'écart absolu ». Fourier, qui avait souffert à Lyon de la Révolution, est presque aussi sévère que le sera Comte pour la philosophie qui, en la préparant, n'a su que détruire, et promettre une liberté qu'elle ne saurait garantir. Elle distribue des philippiques où il faudrait des inventions. La distinction entre les libertés formelles -pouvoirs de choix - et les libertés réelles – puissance sur la nature - dont M. Ch. Andler a démontré la fécondité aux origines du socialisme allemand, apparaît ici en pleine lumière. Le plaisant souverain, s'écrie Fourier, qu'un souverain qui meurt de faim. Et il défie le constitutionnalisme et le libéralisme de donner au peuple de nos villes autant de droits efficaces que le sauvage en possédait, lorsqu'il pouvait cueillir où bon lui semblait de quoi se nourrir. Une proclamation des Droits de l'Homme en régime « civilisé », ce n'est qu'une amphore vide.

Il va de soi d'ailleurs que si Fourier montre tant de défiance à l'égard du système des libertés politiques, ce n'est pas qu'il veuille restaurer le principe d'autorité. S'il refuse d'emboîter le pas derrière un Sieyès ou un Barnave, ce n'est pas pour se jeter dans les bras d'un Bonald. Dans le régime économique qu'il rêve, les possibilités d'arbitraire seraient réduites au minimum. Lui aussi pense que les « autorités » auraient à exercer des fonctions administratives plutôt que gouvernementales. Toutes fonctions de direction ou plutôt de gérance seraient d'ailleurs électives, et en principe accessibles à tous. Ajouter que dans ces Phalanstères, où il saute aux yeux de chacun que toute réglementation tend à donner aux passions leur satisfaction maximum, aucune réglementation n'est un poids détesté : « Doubles et quadruples charmes au lieu de doubles et quadruples discordes ». La discipline collective est « consentie passionnément », d'autant que le départ du mécontent reste toujours possible. Ce qui revient à dire que grâce à sa foi dans l'attraction passionnelle et les harmonies qu'elle organise, Fourier résout le problème de l'autorité de la meilleure façon : en la supprimant, ou du moins en la rendant insensible. Les ruches humaines qu'il imagine atteignent spontanément le summum de la liberté en même temps que celui du bien-être.

Au surplus, la meilleure garantie que fournit Fourier contre les abus d'autorité et les excès de réglementation, c'est précisément qu'il ne met sur pied, dans la nation en général, aucun pouvoir centralisateur. Il ne conçoit pas, comme les Saint-Simoniens, un État héritier universel et universel régulateur du Travail. C'est d'en bas plutôt que d'en haut qu'il voit partir une réorganisation de l'ensemble. Si elle doit s'opérer, ce sera par la vertu d'un certain nombre de cellules économiques régénérées, exerçant une attraction les unes sur les autres et s'entendant pour instituer des échanges profitables à tous. Par où se vérifie que ce n'est nullement à un socialisme collectiviste, mais à un socialisme fédéraliste qu'aspirerait Fourier.

Ce fédéralisme, à vrai dire, comporterait des modalités nouvelles, généralisables, de la production et de la distribution, il exigerait un effort pour harmoniser non seulement les rapports entre hommes à l'intérieur des groupes, mais les rapports entre groupes. Une éco-

Chapitre VII

nomie extérieure, interphalanstérienne, serait donc à organiser. Et l'on se doute qu'il y faudrait au moins l'intervention de Conseils qui ressembleraient à des organes d'État. Regardez plutôt comment doivent fonctionner ces « comptoirs communaux » que Fourier imagine pour la période de garantisme.

Pour aider les paysans de la Commune à écouler leurs produits, à acheter engrais et outillage, il y aura des entrepôts fédéraux et des banques rurales. On sera amené à combiner le travail des manufactures avec celui de l'agriculture. L'État, intermédiaire naturel entre les Associations, n'en arrivera-t-il pas à constituer un Ministère des Manufactures ? Fourier ne parlera-t-il pas lui-même d'une ligue à instituer entre le gouvernement et l'agriculture contre les corsaires industriels ?

Mais en dépit de ces pierres d'attente, il reste que les préférences de Fourier sont pour les constructions que les petits groupes édifient, chacun d'abord sur son domaine. Et s'il est vrai que, dans ce système, des ordres venus d'un centre doivent se faire entendre le plus rarement possible, on peut conclure que pour remédier à l'anarchie industrielle, l'inventeur du Phalanstère, ennemi de toute contrainte, paraît compter d'abord sur un socialisme anarchique.

*
* *

Fourier eut des disciples, comme Saint-Simon. Sous l'influence de Muiron, de Mme Vigoureux, de Victor Considérant, une sorte d'école se constitua. Elle ne tendit jamais comme l'autre à devenir une Église tourmentée par les passions religieuses. Elle n'ajouta pas non plus beaucoup de théories nouvelles à celles qu'avait esquissées le Maître. On se contenta de mettre celles-ci en forme, de laisser tomber les excentricités qui les émaillaient, de dérouler la philosophie de l'histoire qu'elles supposaient, de faire effort aussi pour les adapter aux problèmes du jour, de travailler en un mot à rendre le Fouriérisme applicable, et d'abord accessible, en le dépouillant de son caractère fantasmagorique pour lui faire revêtir de plus en plus un caractère expérimental.

Considérant ne se contente pas de récrire le « roman du bien-être » tel que l'a conçu Fourier, il démontre et la nécessité et la possibilité des réformes que celui-ci suggère. Elles sont possibles, car nous sommes dans un moment « d'évolution ascendante » ; les « ressources d'apogée » indispensables ont été amassées par le progrès de la science. Elles sont nécessaires, car il saute aux yeux que la masse ne profite pas comme il faudrait de ses ressources elles-mêmes. Il lui faut porter sur les épaules une nouvelle féodalité, une féodalité industrielle, « aristocratie aussi lourde qu'ignoble » qui profite de la ruine des petits commerçants pour faire la loi, pour grossir son lot. Pendant ce temps, celui des travailleurs se rétrécit. Nouveaux Sisyphes, nouveaux Tantales, nouvelles Danaïdes, ils vivent dans un véritable « Enfer social ». Veut-on un échantillon des formules où Considérant résume ses constats ?

Notre industrialisme a libre concurrence est un mécanisme colossal, d'une énorme puissance, qui pompe incessamment les richesses nationales pour les concentrer dans les grands réservoirs d'aristocratie nouvelle et qui fabrique des légions faméliques de pauvres et de prolétaires.

Concentration capitaliste, prolétarisation, paupérisme, les principales thèses du socialisme « scientifique » sont ici en germe, et l'on voit de G. Sorel n'avait pas tort de présenter les *Principes du Socialisme* de 1843 comme un des manifestes qui frayaient le plus directement la voie au *Manifeste Communiste*.

Précisons toutefois. Pour aller au socialisme, l'apôtre du Fouriérisme consentira à faire une part de plus en plus grande à la démocratie, mais jamais au communisme. La démocratie tend à l'emporter au XIXème siècle : elle est en train de devenir le « dogme modern ». C'est un fait devant lequel, en 1843, Considérant s'incline, heureux s'il peut convaincre les défenseurs de ce dogme que les innovations politiques auxquelles ils attachent tant de prix ne sont que préfaces : leurs principes mêmes les doivent avertir que la question sociale a singulièrement plus de gravité que la question politique. Mais les événements marchent. L'inattendu éclate. La République est proclamée. Les Fouriéristes, dont quelques-uns ont glissé plus d'une idée chère à leur maître dans les groupes qui ont préparé la Révolution, se rallient à la République : avec plus d'enthousiasme peut-être que leur maître n'aurait voulu, ils se laissent entraîner par la vague. Leur journal, la *Démocratie paci-fique*, adopte lui aussi cette formule : la Réforme sociale est le but, la République est le moyen.

Considérant souscrit sans plus hésiter à la synthèse que les évé-nements paraissent imposer. « Tous les socialistes sont républi-cains. Tous les républicains sont socialistes ». IL y a une logique du siècle. Et 48 est la suite logique de 89. A la condition toutefois qu'on se souvienne bien en effet que suite ne signifie pas répéti-tion ; la République, après le développement de l'industrie et ses conséquences de toutes sortes, a besoin d'une ordre nouveau, qui ne peut être qu'un ordre socialiste.

C'est ce que Considérant démontre avec lyrisme dans le livre qu'il publie en 1848 (après les journées de juin), *Le socialisme devant le Vieux Monde ou les Vivants devant les Morts*. « La Révolution n'est pas finie ». « En 1830, le socialisme n'était rien, aujourd'hui il est tout ». Et le problème qu'il doit résoudre sous peine de mort pour la société, c'est bien « la transformation du salaire, dernière forme de la dépendance ». Seulement, pour résoudre ce problème, plu-sieurs solutions sont proposées. Et Considérant, qui les passe en revue, ne dissimule pas l'effroi que lui inspirent les formes impé-ratives, coercitives, négatives du socialisme. En particulier, il pro-teste contre un socialisme « simple et noueux » qui s'arrêterait au premier terme du problème, l'affranchissement pur et simple des serfs du capital. C'est dire que le disciple de Fourier prend ici même position contre tout socialisme qui préconiserait la lutte de classes, la dictature du prolétariat, le retour à l'État de toutes richesses : Considérant espère bien que le socialisme phalanstérien, facultatif et volontaire, servira d'antidote au socialisme communiste.

Célestin Bouglé

Chapitre VIII

Bilan du fouriérisme (suite)

II. – Aujourd'hui

De tant d'idées remuées par Fourier ou ses disciples, en est-il beaucoup qui se soient insérées, oui qui soient en voie de s'insérer dans la réalité d'aujourd'hui ? Ces « nuées » bizarres n'ont-elles passé dans le ciel que pour amuser nos yeux, ou bien ont-elles à leur tour fécondé la terre ?

Une série de livres peuvent nous aider à répondre à cette question : ceux de M. Gaumont sur l'*Histoire de la Coopération*, ceux de M. Friedberg sur *Le Fouriérisme et le mouvement social contemporain*, de M. Poisson sur *La Coopération et le socialisme*, de M. Bernard Lavergne sur *L'ordre coopératif*, par-dessus tout ceux de M. Charles Gide, dont le nom est inséparable de celui de Fourier.

Charles Gide, qui a un faible pour les imaginations puissantes, s'est souvent complu à montrer qu'on devait inscrire au compte de Fourier, plus qu'à celui d'aucun autre utopiste, nombre d'anticipations vérifiées. Non sans doute qu'en inventant telle technique, en généralisant telle pratique, nos novateurs se soient inspirés de lui. Mais leurs réussites sont la preuve que ce visionnaire était doué d'une sorte de double vue, qu'il avait comme un pressentiment prophétique des formes de l'avenir. Fourier prédit, dès le début du XIXème siècle, qu'un jour viendra où l'on pourra, partant de Paris le matin, déjeuner à Lyon, dîner à Marseille. Il imagine des astronomes capables d'informer l'Angleterre, à travers les airs, de l'arrivée d'un bateau en Chine. Il annonce que par le reboisement, l'homme deviendra capable d'agir jusque sur les climats. On pourrait ainsi, entre les mille et une inventions de Fourier, en glaner un bon nombre, qui sous une forme ou sous une autre, sont entrées dans l'histoire.

Plus intéressantes peut-être que ce magasin pittoresque de jouets-outils sont les méthodes générales qu'il préconise, dérivées de ses préoccupations de moraliste, et dont plusieurs reçoivent sous nos yeux des commencements d'application. En première ligne, les idées sur l'Éducation que recueillent ou retrouvent les partisans de « l'Éducation nouvelle ». A la tradition libérale des Montaigne et des Rabelais, offusquée chez nous par les méthodes chères aux Jésuites et à Napoléon, il apporte le plus puissant des renforts. S'il veut une éducation « unitaire » qui rapproche les hommes et les habitue à collaborer, il la veut par-dessus tout « libertaire », tenant compte de la variété des goûts des enfants et de leur besoins de changement : il la veut aussi « travailliste », c'est-à-dire incitant l'enfant à réfléchir sur les choses que son action modifie, et liant étroitement l'école aux ateliers et aux cultures. Noter encore qu'il conseille aux éducateurs, pour adapter les sentiments des enfants aux exigences de la vie en commun, d'utiliser la tactique de la « substitution absorbante », pressentant ainsi de ce qu'on devait appeler plus tard la « sublimation ». Ces quelques exemples suffisent. Depuis Frœbel , qui connut Fourier, jusqu'à Mme Montessori et à ses émules, on peut se représenter combien, dans les jardins d'enfants ou les ateliers-écoles, ont été expérimentées d'idées chères à l'apologiste de l'attraction passionnelle.

Une autre équipe lui devrait un hommage particulier : celle des féministes. Plus net ici dans ses affirmations que Saint-Simon, -qui n'a fait qu'une ou deux allusions aux prérogatives que pourraient réclamer les femmes (il demande en particulier qu'elles votent pour la souscription au tombeau de Newton), - plus large dans ses vues qu'Enfantin qui ne songe guère qu'aux rapports sexuels entre le Prêtre et la Femme-Messie, Fourier pose dans toute leur ampleur les problèmes des revendications féministes. Non qu'il accorde –le contraire serait étonnant après ce que nous avons dit de son attitude en politique- grand intérêt à l'extension du droit de suffrage aux femmes. Mais du moins dans l'ordre social, il proteste contre toutes les institutions qui les ont empêchées jusqu'ici de donner leur mesure. Bien loin d'enfermer la femme, comme le fera Proudhon, dans ce dilemme : ménagère ou courtisane, il demande que toutes sortes de carrières lui soient ouvertes, mieux appropriées à sa nature, en fait, qu'à celle des hommes. Au total, assez peu égalitaire sur tant d'autres points, Fourier, comme le remarque M. Gide, revendique l'égalité de l'homme et de la femme non seulement devant la loi, mais devant la morale. Et c'est lui qui déclare tout net que le progrès des sociétés se mesure au degré de l'éman-

Célestin Bouglé

cipation accordée aux femmes. On comprend après cela qu'une réformatrice comme Flora Tristan qui, dans l'*Union ouvrière*, dès 1843, défendait les deux causes également sacrées de l'ouvrier et de la femme, se soit adressée à Fourier et ait pris comme épigraphe de son livre une formule du grand initiateur. Les féministes d'aujourd'hui s'en souviennent-elles ? Nul n'a plus travaillé que Fourier à cette révolution dans les mœurs, si grosse de conséquences diverses, que M. Lucien Romier propose d'appeler « la Promotion de la Femme ».

*

* *

Mais il va de soi que ce qui nous importe par-dessus tout, c'est de mesurer ce qu'il a passé des rêves fouriéristes dans les institutions économiques d'aujourd'hui, dans celles qui sont mises sur pied pour résoudre cette question sociale dont Victor Considérant rappelait avec tant d'obstination la gravité tragique.

C'est dans la création de Phalanstères que Fourier plaçait toute sa confiance. L'expérience a-t-elle été tentée ? A-t-elle donne les résultats attendus ? L'inventeur s'écrierait sans doute que l'expérience n'a pas été tentée, parce que nulle part on n'a appliqué tels quels ses plans dans le détail : et il va de soit qu'il n'en eût pas voulu démordre d'un iota. Mais en fait, un certain nombre de colonies se sont fondées sous ses auspices. On a voulu, en les instituant, s'inspirer du moins des grandes lignes de sa pensée. On a cru essayer son grand plan. Chez nous, à Condé-sur-Vesgre ou à Cîteaux, en Amérique, à Brook Farms ou au Texas, on entreprit d'organiser et le travail par séries et la vie en commun, selon les principes de l'Association domestique agricole. Et au Texas, ce fut le meilleur disciple du maître, Considérant, qui organisa lui-même l'expédition. Banqueroutes sur banqueroutes : M. Gide, le plus récent historien de ces *Colonies communistes ou coopératives*, reconnaît que celles qui se réclamèrent de Fourier furent parmi les moins heureuses. Tantôt un incendie dévore la maison, tantôt les fonds manquent à l'entreprise. Mais le plus souvent, c'est l'harmonie qui manque le plus. Les sociétaires se révèlent incapables de faire vivre l'associa-

Chapitre VIII

tion totale que rêvait Fourier, à la fois coopérative de production et coopérative de consommation.

Mais peut-être à défaut d'application intégrale, la pensée fouriériste connaîtra-t-elle des applications partielles. Peut-être, justement, les coopératives de production réalisent-elles une part, les coopératives de consommation une autre part de cette pensée ? Les morceaux en sont bons. Pourquoi ne servirait-elle pas en se divisant ?

Il ne saurait venir à l'esprit de personne de prétendre que les associations coopératives de production sont dues à la seule influence des théories de Fourier. Avant lui, un Lange, en même temps que lui un Buchez, après lui un Louis blanc préconisent ce même remède. En mettant en commun leurs ressources, en organisant entre eux leur travail, et en se répartissant les bénéfices qu'il peut procurer, les travailleurs ne pourraient-ils arriver à se passer du capital, ou tout au moins à limiter la mainmise du patronat ?

Ce fut une des grandes espérances réveillées par 48. Et ce que Louis Blanc attendait surtout de l'État, c'était qu'il fournît aux associations ouvrières, en même temps que des règlements-types, des subventions et une clientèle : elles devaient être les leviers de l'État de type nouveau qu'il rêvait, tendant à constituer un ordre à la fois démocratique et socialiste. Après la banqueroute de 48, l'installation de l'Empire entraîna la ruine de la plupart des associations, de tailleurs, de chapeliers, de menuisiers alors créées. On n'en voit guère renaître d'analogues qu'en 1865, lorsque l'Empire sent de plus en plus vivement le besoin de concessions à la classe ouvrière ; Nouveau rebondissement sous la République. Une chambre consultative est instituée. Elle fournit des statuts-types aux associations ouvrières, s'efforce d'uniformiser leur structure et de coordonner leurs efforts. Mais la variété reste la règle. Une exposition d'associations ouvrières ? C'est avant tout, dit M. Charles Gide, un Musée d'échantillons. Celle-ci est autonome, celle-là rattachée à un syndicat, ou à un parti. Les unes se fondent sans capitaux, d'autres les utilisent plus ou moins largement.

Où chercher celles qui ont pu réaliser une part du programme fouriériste ?

Il en est qui s'en sont directement inspirées, par exemple le fa-

Célestin Bouglé

milistère de Guise, fondé et entretenu par Godin, admirateur de Fourier. Il ne se contente pas d'y installer – à côté d'ateliers où l'on fabrique les poêles - un « Palais social » pour la vie commune des travailleurs. Il veut qu'ils participent aux bénéfices de l'entreprise et que grâce à leur part de bénéfices, ils en deviennent les actionnaires. On distingue d'ailleurs diverses catégories de travailleurs, suivant les parts qu'ils perçoivent : auxiliaires, participants, sociétaires, associés. Les directeurs et membres du Conseil de Contrôle touchent 18 % : c'est la part du Talent prévue par Fourier. Au total, un certain nombre des idées qui lui étaient chères prirent corps dans cette Association modèle, malheureusement restée unique.

On en retrouverait bien quelques autres qui retiennent quelque chose de l'idéal fouriériste, entre autres, une association de peintres, le Travail, qui répartit ses bénéfices selon les principes chez à Fourier : 37 % au capital, 13 % à la direction, 32 % + 17 % de retraites aux travailleurs.

Mais dans l'ensemble, les associations ouvrières de production ne se sont guère souvenues du Fouriérisme. On ne peut pas dire non plus que sans en garder le souvenir, elles aient retrouvé les méthodes qui devaient, suivant lui, présider à l'organisation du travail ou à la répartition des bénéfices. Surtout on ne saurait prétendre qu'elles aient beaucoup fait pour la transformation générale du régime économique et social dont il dénonçait les tares. Il ne faut certes pas leur fermer l'avenir. Sous des formes variées, elles peuvent jouer un rôle utile, et M. Dubreuil, dans *La République industrielle*, indique à quelles conditions. Mais jusqu'ici, en dépit d'efforts auxquels on a récemment rendu un solennel hommage, les Associations ouvrières de production n'ont exercé qu'une action assez limitée. Malgré des subventions ou des commandes de l'État, elles ne sont pas de taille à tenir tête aux grandes entreprises capitalistes.

*
**

Les coopératives de consommation atteignent peut-être, de toutes

Chapitre VIII

façons, des résultats plus considérables et réalisent plus directement une grande pensée fouriériste : la lutte contre l'intermédiaire par le groupement des consommateurs. En se liguant pour acheter produits et denrées, se les revendre à eux-mêmes au plus juste prix, se répartir enfin les bénéfices au prorata de leurs achats, n'est-ce pas aussi une révolution qu'accomplissent les coopérateurs ? révolution silencieuse, mais peut-être, qui sait, plus féconde que les autres, et transformant peu à peu, et comme sou à sou, le mécanisme de l'économie moderne.

On va se trouver ici en présence d'une mouvement d'une autre envergure que celui des coopératives de production. Pas de bruit, beaucoup de besogne, n'est-ce pas la devise appliquée ici ? On pouvait calculer dès 1925 que les achats et ventes des coopératives « distributives » intéressaient, à compter 4 têtes par famille de coopérateurs, près de 10 millions de Français. M. Bernard Lavergne, qui attire avec enthousiasme notre attention sur cette progression, la résume en quelques chiffres :

> Deux millions et demi de coopérateurs inscrits à nos sociétés, 1800 millions de ventes annuelles, une Fédération Nationale embrassant plus de la moitié des coopérateurs et les deux tiers des forces coopératives du pays si l'on juge de la puissance des sociétés par leur chiffre d'affaires, une coopérative centrale d'achat et de production ou Magasin de Gros qui a dépassé 350 millions de ventes par an, une Banque des Coopératives qui possède depuis octobre 1925 plus de 120 millions de dépôts faits par le public et compte plus de 1000 caisses auxiliaires ou guichets –tels sont, exprimés en quelques chiffres globaux, les résultats principaux atteints par la coopération française.

Il est à remarquer que cette forme de coopérative ne s'enorgueillit pas seulement du nombre des bouches qu'elle nourrit, mais du degré d'organisation qu'elle atteint. Les boutiques coopératives, longtemps isolées, et individualistes elles-mêmes, ont enfin compris dans l'ensemble la nécessité de se fédérer, de s'entr'aider en coordonnant leurs commandes, en posant leurs conditions aux

Célestin Bouglé

producteurs. Ainsi s'expliquent les services qu'elles ont été à même de rendre pendant la guerre et après la guerre. Ainsi s'explique l'action qu'elles sont capables d'exercer jusque sur la production, devenant à leur tour actionnaires, propriétaires, gérants de grandes usines dont elle sont les principaux clients, et travaillant du coup à rendre possible une adaptation plus rationnelle de la production à la consommation. C'est pourquoi M. Albert Thomas n'avait pas tort, il y a quelques années, de louer la Fédération des Coopérateurs d'être en passe de devenir une institution publique grosse de diverses transformations sociales.

On serait d'ailleurs, à en croire M. Bernard Lavergne, en train de découvrir et d'appliquer une formule qui permettrait, par un élargissement des coopératives, de résoudre un des problèmes les plus intéressants de l'heure présente : socialiser sans étatiser. L'auteur pense à ce qu'il appelle des *régies coopératives* : des entreprises d'intérêt public autorisées par l'État, mais gardant leur autonomie. Par exemple une entreprise pour l'exploitation d'un chemin de fer, d'une mine de potasse, pour une distribution d'eau, pour l'aménagement d'un fleuve, composée d'un certain nombre de personnes morales (État, municipalités, groupement d'usagers) ; elles ne connaîtraient d'autres actionnaires que leurs consommateurs, elles ne s'attacheraient pas à faire des bénéfices proprement dits, et verseraient les ristournes au fonds de réserve, leur but final étant toujours d'améliorer les conditions de la consommation, mais sans apporter aucune gêne aux nécessités techniques de la production. Seule voie, pense l'auteur, par où l'on pourrait espérer aboutir quelque jour à des « nationalisations industrialisées » aussi bien organisées techniquement que des entreprises privées. Or c'est l'esprit coopératif qui nous ouvre, en même temps que cette voie, des perspectives indéfinies.

Mais qu'il s'agisse de la coopération du premier ou du second degré, de celle qui groupe des individus ou de celle qui groupe des personnes morales, dans quelle mesure se souvient-on ici des principes fouriéristes ? Ou tout au moins dans quelle mesure, sans y penser, y est-on fidèle ? C'est ce que nous voudrions préciser. Or, les connaisseurs ne sont pas d'accord. *Grammatici certant.* Pour M. Gide, la filiation ne fait pas de doute ; et dans ses conférences sur les coopératives de consommation, il ne manque jamais d'évoquer Fourier comme le précurseur par excellence, derrière lequel il aime à s'abriter : ne suffit-il pas d'interpréter convenablement les utopies de Fourier, de transposer ses plans à propos de ce ménage collectif qu'est le phalanstère, pour en tirer maints conseils du plus utiles aux familles des consommateurs ? M. Poisson, M. Lavergne sont moins affirmatifs. Dans les règles appliquées aujourd'hui par les coopératives de consommation, ils ont peine à reconnaître la griffe du maître. La règle d'or de la coopérative, celle qui veut que l'on ristourne les bénéfices d'un exercice aux acheteurs, au prorata de leurs achats, n'est-ce pas un pauvre ouvrier en flanelle, un des *Équitables pionniers de Rochdale*, Charles Howarth, qui l'a inscrite le premier dans les statuts de son Association ? L'invention en question serait donc née de l'instinct des travailleurs, au contact de l'expérience quotidienne, plutôt que du système d'un penseur.

D'accord. On ne trouve pas trace de cette technique, d'importance vitale pour les coopératives de consommations, dans les écrits de Fourier. Est-ce donc à dire qu'elles ne lui doivent rien ? L'exemple même de M. Gide pourrait ici servir d'argument. Dans l'économie sociale qu'il a enseignée à tant d'étudiants, et qui n'a pas peu contribué à provoquer le « grand dégel » de l'économie politique orthodoxe, deux inspirations de sources bien différentes se rencontrent et se conjoignent. Deux âmes, pourrait-on dire, cohabitent dans cet édifice : la tradition protestante, qui rappelle le devoir social, et le rêve fouriériste, qui vise à la satisfaction intégrale des passions de toute l'humanité, des pauvres comme des riches. Par ce chemin-là, par le chemin fleuri de l'attraction passionnelle, l'auteur est venu à la conviction que la coopérative de consommation est pour l'humanité, abîmée par le laissez-faire de la grande industrie, un principe de salut. Et quand on sait d'autre part les services incomparables que ce professeur, qui étonnait les assemblées par son éloquence et sa science, a rendus à la cause de l'organisation coopérative, contraignant en quelque sorte les éléments de celle-ci trop souvent épars, à coordonner leur action en même temps qu'à élever leur idéal, on ne peut douter que, par cet intermédiaire du moins, le mouvement coopératif français ne doive beaucoup à Fourier. Et en fait, détails techniques à part, lutte contre le parasitisme et défense du consommateur, ces deux mots d'ordre, qui devaient éveiller de longs échos, ont été lancés sans aucun doute

Célestin Bouglé

par l'inventeur du Phalanstère.

Quant à la coopérative du seconde degré, celle qui unirait des personnes morales pour la constitution de régies directes, on peut bien dire encore que l'inspiration reste fouriériste, puisqu'il s'agit, dans l'intérêt des consommateurs, de substituer à l'entreprise privée des entreprises qui ne recherchent pas de bénéfices à la manière capitaliste. Mais Fourier ne paraît avoir rien prévu d'analogue, dans ses plans, aux constructions qu'on nous présente. Nous avons noté qu'il préconise des comptoirs communaux, prêts à rendre aux membres de la commune toutes sortes de services, et qu'il n'exclut pas l'idée de faire appel à l'État contre les corsaires industriels. Mais comment l'État pourrait participer sans les inhiber aux entreprises d'intérêt public, c'est ce que l'inventeur du Phalanstère ne précise pas. C'est plutôt aux plans saint-simoniens que l'on pense devant ces tentatives d'économie mixte. Et comme M. Bernard Lavergne, apologiste de la régie coopérative, est le premier à le remarquer, celle-ci, permettant de pratiquer à l'égard de la politique la tactique d'écart absolu chère à Fourier, serait sans doute un des meilleurs moyens de mettre en œuvre « l'admirable pensée de Saint-Simon sur l'administration des choses séparée du gouvernement des hommes ». Les deux fleuves conflueraient donc ici pour faire tourner la roue des nouveaux moulins…

*

* *

Il sera peut-être plus facile, après ces analyses, de mesurer maintenant ce que le Fouriérisme apporte au socialisme d'aujourd'hui. Nous avons vu qu'entre 1830 et 1848 plusieurs adhérents de l'École, tendant vers l'action, avaient comme préparé un stock d'idées dont la Révolution devait essayer un certain nombre. Ce n'est pas seulement chez un Considérant, mais chez un Louis Blanc, chez un Pecqueur, chez un Vidal que le Fouriérisme vit, et suggère des plans pour l'organisation des associations ouvrières. Tentatives éphémères. Après la réaction qui suit la révolution manquée, on en perd, dirait-on, jusqu'au souvenir.

Mais pour revivre plus tard, le Fouriérisme ne disposait-il pas

Chapitre VIII

d'un autre véhicule ? N'en retrouve-t-on pas des morceaux dans les fourgons du marxisme ? Weitling aussi a lu Fourier, qui écrit les *Garanties de l'Harmonie*. Et comme M. Ch. Andler l'a montré, la pensée de Weitling a été familière aux rédacteurs du *Manifeste Communiste*. Marx et Engels lui doivent, et par lui à Fourier, non seulement une sévère argumentation contre l'anarchie industrielle, mais l'idée de ce qu'on pourrait demander aux « armées » de travailleurs. Dans le marxisme, puissante synthèse, on peut soutenir que le Fouriérisme est incorporé aussi bien que le Saint-Simonisme. Marx, en éclipsant ses devanciers, les utilise. Il fait vivre leur pensée, pourrait-on dire, en la faisant oublier.

Mais il va de soi qu'il y ajoute beaucoup : en particulier tout ce que devaient lui suggérer, mêlés à l'influence des expériences anglaises, ses souvenirs de philosophie allemande : l'idée de catastrophes nécessaires, étroitement apparentée à la dialectique hégélienne, qui veut, avant la synthèse finale, la négation de la négation, -l'idée de la lutte des classes considérée comme le moteur indispensable de l'histoire, -l'idée de la dictature du prolétariat mettant la main sur la puissance de l'État, condition préalable de l'instauration d'un régime socialiste. Que telle de ces idées, au contact des faits, vienne à se révéler erronée ou seulement insuffisante, ne retournera-t-on pas, pour y chercher des points d'appui, vers les systèmes à la fois plus complexes et plus souples dont le marxisme n'a utilisé que des parties ? Ne sera-t-on pas incité alors à demander, au Fouriérisme par exemple, de quoi limiter l'autorité du marxisme ?

En fait, malgré l'emprise de celui-ci, et bien qu'il ait imposé sa formule au Parti socialiste unifié, il ne serait pas malaisé de montrer que chez plusieurs leaders du socialisme français, chez un Rouanet comme chez un Millerand, chez un G. Renard comme chez un Jaurès, on sent percer un souvenir du Fouriérisme, et comme un regret d'en avoir laissé évaporer l'essence. N'est-ce pas à l'initiation fouriériste, en particulier, qu'un Jaurès aurait pu rattacher, non seulement sa répugnance pour l'ascétisme, mais sa défiance à l'égard de l'Étatisme, et ses préférences pour les formes conciliantes d'un fédéralisme qui escompte les efforts combinés et des syndicats et des coopératives ?

Peut-être, si les faits démontrent de plus en plus clairement aux socialistes qu'il est vain d'attendre une révolution économique d'un coup de force politique, et qu'il est criminel de ne rien construire de positif en l'attendant, les verra-t-on revenir aux leçons pratiques qui se dégagent des utopies de Fourier. Lorsque nous relevons par exemple, dans les *Perspectives socialistes* de M. Marcel Déat, les espoirs que fonde, sur le progrès des coopératives, une pensée socialiste impatiente d'agir dans l'ordre économique, lorsque nous entendons l'auteur déclarer qu'un jour pourrait bien venir où la coopérative serait comme l'Église des temps nouveaux, nous nous disons que tout n'est pas mort dans la forêt fouriériste.

Est-il besoin d'ajouter que les radicaux-socialistes, aussi bien que les socialistes proprement dits, y pourraient chercher du bois ? Le socialisme fouriériste, lui d'abord, voulait abolir le salariat sans supprimer pour autant la propriété. Et on a vu passer des formules analogues à celles-là dans les derniers Congrès du parti radical. Un socialisme réaliste, un radicalisme socialisant pourraient quelque temps encore collaborer sous le signe du Fouriérisme.

En attendant, les coopérateurs désireux de demeurer en dehors et au-dessus des partis trouvent dans les souvenirs de l'idéologie phalanstérienne de quoi rallier ceux qui souhaitent, sans faire appel à la lutte des classes, préparer la reconstitution sociale qui paraissait s'imposer après la guerre.

Qu'on relise le « Manifeste » que signèrent en 1921, pour le premier numéro de la *Revue des Études coopératives*, deux cents intellectuels et universitaires : il y est rappelé le mot de Jaurès sur les coopératives : « laboratoires d'expériences sociales ». Elles enseignent qu'une entreprise peut vivre et prospérer « sans l'appât du profit ni la pression de la concurrence ». Elles utilisent le capital, mais sans lui laisser le droit de commander, ni d'accaparer les bénéfices de l'entreprise. Nullement disposées d'ailleurs à remplacer la dictature du capital par celle du travail, elles ne croient pas que les producteurs aient seuls qualité pour représenter l'intérêt public. Elles comptent plutôt sur les consommateurs organisés, qui « ne peuvent avoir d'autre intérêt que ceux de tout le monde ».

Primauté du consommateur, lutte contre le profit de l'intermédiaire, part à faire au capital aussi bien qu'au travail, il est permis de reconnaître ici, remises en lumière par le plus autorisé de ses interprètes Ch. Gide, les thèses maîtresses du Fouriérisme, présenté comme une doctrine à la fois rédemptrice et conciliatrice.

Célestin Bouglé

Chapitre IX

Bilan du proudhonisme

I. – Hier

Proudhon n'est pas de la race des grands inventeurs. Il appartient, nous ne disons pas à la seconde zone, mais à la seconde phase de l'économie sociale française du XIXème siècle. Né en 1809, mort en 1865, il voit se succéder systèmes philosophiques et régimes politiques. Les expériences des Révolutions le font réfléchir. Il est prêt à réagir, non seulement contre un traditionalisme aveugle, mais contre un utopisme étourdi. Dépouillé qu'il est de tout romantisme, l'expression de socialisme utopique ne convient plus du tout à son attitude : bien plutôt faut-il dire – comme Stein le notait dès 1842 dans son livre magistral sur le socialisme en France - « socialisme critique » par excellence.

Mais encore que veut, où tend ce socialisme, si socialisme il y a ? Dans quelle catégorie classerons-nous l'auteur dont l'un des écrits de jeunesse nie la propriété, tandis qu'un de ses testaments l'affirme ? À chaque fois qu'on croit saisir ce bizarre génie dans une formule, on s'aperçoit qu'il nous échappe : aimant l'opposition et les oppositions, réconciliateur au fond, mais jouant avec les antithèses et les antinomies, à la fois bonhomme et farouche, requérant contre, puis plaidant pour, la propriété ou l'association, sociologue et individualiste, sévère pour la démocratie, mais plus sévère encore pour les régimes d'autorité. Entre ces deux extrêmes, le *Qu'est-ce que la Propriété* de 1840 et la *Théorie de la Propriété* de 1865, à travers *Les Contradictions économiques,* la *Justice dans la Révolution et dans l'Église*, la *Guerre et la Paix*, que de nuances changeantes dans cette pensée multiforme ! Au fond Proudhon est Protée : inclassable.

Essayons de nous représenter d'abord la diversité de ses tendances, les expériences dont elles partent, les solutions où elles acheminent. Prenons de ce personnage attirant et irritant – attirant peut-être parce qu'irritant ?- une série d'épreuves. Évoquons-le plébéien égalitaire, sociologue individualiste, moraliste anticlérical, comptable mutuelliste, fédéraliste, syndicaliste ; nous pourrons alors, peut-être, préciser en quelle mesure il reste et démocrate et socialiste, et décider quels sont, parmi tant d'héritiers qui se réclament aujourd'hui de lui, les plus proches de sa pensée profonde.

*

**

Un premier trait distingue nettement Proudhon de Saint-Simon et de Fourier. Fourier, fils de négociant, devient lui-même un petit employé de commerce. Saint-Simon, quelque situation qu'il traverse, demeure gentilhomme. Proudhon naît et reste foncièrement plébéien. Fils d'un tonnelier et d'une cuisinière, il aide son père à la cave, garde les bêtes aux champs, devient ouvrier typographe, puis co-directeur d'une petite imprimerie, puis comptable dans une maison de transports : toujours en contact étroit avec ceux qui vivent chichement de leur travail, exposés à l'angoisse du chômage, et toujours ardent à les défendre *unguibus et rostris*, d'une plume acérée. Lorsque les Académiciens de Besançon lui accordent une bourse, la pension Suard, pour pousser ses études, il les prévient charitablement et ironiquement qu'il n'abandonnera jamais la cause de ses « frères de travail et de misère ». C'est à eux qu'il pense en dévorant les livres de la Bibliothèque de Besançon, ou de celle de l'Institut, en écoutant les cours de la Sorbonne, du Collège de France, du Conservatoire des Arts et Métiers, en lisant A. Smith, en se faisant expliquer Hegel. Sa puissance d'absorption est formidable. C'est l'autodidacte qui veut devenir une manière d'encyclopédiste. Mais ce n'est jamais l'intellectuel détaché, fier de s'isoler dans sa pensée. Quand il traite de la situation faite aux travailleurs, il reste l'homme qui a lui-même « souffert d'une erreur de compte », il ne peut s'interdire – c'est lui qui emploie l'expression - de véritables rugissements de rage. Tout savant qu'il devienne, il reste *filius fabri*.

Par là s'explique sans doute une tendance profondément enracinée chez Proudhon : la volonté de faire régner l'égalité entre les hommes. On ne rencontre pas cette volonté au même degré chez

Célestin Bouglé

un Saint-Simon ou un Fourier. Loin de là, nous avons vu que, sévère aux nobles et aux héritiers, le Saint-Simonisme réclame une prime pour les « capacités ». Le Fouriérisme de son côté réserve une part aux « talents ». Proudhon n'entend pas de cette oreille. Il affirme l'équivalence des fonctions, et même celle des facultés. Au point de vue de l'ensemble, qui a besoin de chacune d'elles, toutes les fonctions ne sont-elles pas égales ? Quant aux facultés qu'apporte la nature, est-ce grand'chose au prix de ce qu'apporte la société ? Une culture polytechnique bien comprise, qui ferait faire à l'enfant le tour des arts humains, permettrait à tout travailleur de s'élever à la philosophie nécessaire. Le génie lui-même, bien plutôt qu'un dieux, est un « enfant sublime ». Ce qui revient à dire que Proudhon nie farouchement ce qui pourrait justifier une inégalité quelconque. Il affirme avec superbe : « la tendance de la société est à l'égalité des intelligences et au nivellement des conditions ».

Signalons tout de suite une limite où son égalitarisme butera : la question des droits de la femme. On a vu en quel sens Saint-Simonisme ou Fouriérisme sont prêts à les élargir. Proudhon, lui, veut avant tout maintenir la femme au foyer. Car à ses yeux la famille est sacrée. Elle est le pilier de la justice, même dans l'ordre social. Et pour que le régime de la justice advienne, il importe que l'homme reste maître dans le groupe familial. Appuyé sur la tradition paysanne et sur le souvenir du *pater familias* romain, Proudhon est ici systématiquement plus près de Bonald et des théocrates que de ses aînés en socialisme, les réformateurs destructeurs de la famille dénoncés par Louis Reybaud.

Mais si l'on essayait pour autant de l'incorporer parmi les traditionalistes partisans de l'autorité, quelles rebuffades on essuierait de notre homme, « l'homme de l'individualité avant tout », comme il le déclare lui-même ! C'est la personnalité « insoumise » et « raisonneuse » qui garde ses préférences. Elle est le sel de la terre. Elle seule, à y bien regarder, empêche les sociétés de se décomposer. D'où l'hymne fameux de Proudhon à l'ironie vengeresse. D'où ses incessants appels à la liberté : « Charme de mon existence, sans qui le travail est une torture et la vie une longue mort ». À chaque instant chez Proudhon reparaît ainsi le caractère le moins enrégimentable de tous : un tempérament, dirait-on, non seulement de libéral, mais de libertaire.

Chapitre IX

L'admirable, ou si l'on veut l'étonnant, c'est que ce libertaire se trouve être en même temps le plus décidé des sociologues. Nous l'avons montré dès longtemps dans notre *Sociologie de Proudhon* : l'une des théories qu'il est le plus fier d'avoir élaborées, c'est une « métaphysique du groupe », qui escompte les effets spécifiques de la force collective, la réalité de l'être social, la révélation d'une raison se manifestant dans et par la société. « Car la société est une personne, entendez-vous ». Au total, le sens sociologique est aussi développé chez Proudhon que chez Comte lui-même. Et lorsqu'il écrit à Cournot à propos de la morale –devançant ici Durkheim et Lévy-Bruhl-, il affirme que la moralité traduit au premier chef une « essence collective ».

Il reste que les conclusions pratiques où aboutit Proudhon sont aux antipodes de celles de Comte, et qu'il parle en morale, lorsqu'il s'agit d'établir le fondement de la justice, un langage « personnaliste » qui fait bien plutôt penser à Renouvier. « Respecte-toi », c'est pour lui finalement le précepte essentiel de la morale. Et il ne renonce jamais à donner pour règle à la société moderne de respecter l'individu. Il réalise ce tour de force, disions-nous, de forcer la raison collective à consacrer le droit personnel.

Pour arriver à de pareilles justifications, il va de soi que Proudhon met en œuvre, non seulement la sociologie proprement dire, mais la philosophie de l'histoire, et spécialement une dialectique qui montre comment, par une succession d'oppositions, la raison se révèle à elle-même. On sait que Proudhon se flattait ici d'appliquer une méthode hégélienne. On sait aussi que Marx prétend que Proudhon n'y aurait rien compris. Proudhon, éclectique au fond, comme le voulait non seulement sa culture, mais sa situation intermédiaire de « petit bourgeois », se serait préoccupé avant tout, selon Marx, de sauvegarder le bon côté de toutes choses, et d'éliminer le mauvais côté. Il ne se serait pas aperçu que « c'est le mauvais côté de l'histoire qui fait l'histoire », que le mal veut être nié par une lutte sans merci, condition préalable des synthèses attendues. On pourrait contester ce verdict. N'est-ce pas Proudhon qui écrit : « Viens, Satan, que je t'embrasse », et encore : « Dieu, c'est le mal » ? La vie est un combat, dit-il encore à son frère : la vie des sociétés comme la vie des individus. Proudhon serait le dernier à méconnaître que l'humanité, pour progresser, a besoin

Célestin Bouglé

d'être aiguillonnée par les souffrances. C'est d'un tout autre côté qu'il faudrait chercher la vraie différence entre la dialectique hégélienne interprétée par Marx et la dialectique proudhonienne. La renonciation à la synthèse, voilà le trait caractéristique de Proudhon. A partir d'un certain moment, il prend conscience que cette espérance est vaine. Les formules conciliatrices, donc, il ne les attend plus. Du moins, ne compte-t-il aller à la « réconciliation universelle » que par « l'opposition universelle ». Les oppositions sont éternelles. On ne saurait les résoudre. On peut seulement balancer les forces sociales en présence et les faire tenir en équilibre sous la Loi de Justice. Services pour services, comme produits pour produits, avec de pareils principes présidant aux échanges, une paix juste peut être obtenue. Mais cette paix même laisse subsister la diversité des forces en présence, comme autant de béliers qui ne s'immobilisent qu'en s'affrontant. Ce qui apparaît ici chez Proudhon, ce n'est pas un éclectisme, c'est plutôt un pluralisme ou pour reprendre un mot qu'il a employé lui-même, -un mot qui remis en honneur par Louis Ménard après 48, -c'est une sorte de « polythéisme » philosophique impliquant qu'au fond de toute réalité, sociale comme naturelle, subsiste une multitude d'« éléments irréductibles et antagonistes ».

Proudhon tirera grandes conséquences de cet antagonisme essentiel. Il importe qu'on ne l'éteigne pas si l'on veut que la raison s'éclaire. Il faut au progrès de celle-ci les « contradictions mutuelles », la « balance du moi par le moi », « la guerre des idées ». Et Proudhon de conclure que, sans une controverse libre, universelle, ardente, allant même jusqu'à la provocation, point de raison publique, point d'esprit public.

*

* *

Si tel est le tuf de la philosophie proudhonienne, on devine quelle doit être son antipathie pour tout système tendant à faire régner l'unité par l'autorité : autant dire d'abord pour toute religion. Car la fonction essentielle des religions est bien aux yeux de Proudhon une fonction unificatrice, et il ne veut à aucun prix d'une unifica-

Chapitre IX

tion qui ne peut manquer d'avoir pour contre-partie le sacrifice de la liberté. Ainsi s'explique sa sévérité pour la série de Messies ou de Pontifes qui pullulèrent en France entre 1800 et 1840 et qu'Erdan devait étudier sous ce titre : *La France mystique*. C'est une forme de romantisme particulièrement odieuse à ses yeux que ces appels au sentiment, à la foi, à la discipline. Parce qu'il levait contre ces processions, si nombreuses alors chez nous, l'étendard de la révolte, les jeunes révolutionnaires de tout pays, spécialement les Allemands rassemblés à Paris, et décontenancés par l'odeur d'encens qu'on y respirait, le saluaient, le remerciaient comme un sauveur : délivrés de l'idéalisme hégélien par Feuerbach, ils l'appelaient le Feuerbach français.

Mais ce ne sont pas seulement des religions nouvelles que le grand émancipateur crible de ses flèches. La religion établie en a sa part. Et le catholicisme est même sa cible préférée, parce qu'il est le meilleur bouclier de l'Autorité. « La plus grande école de respect que l'humanité ait connue », avait déclaré Guizot. C'est justement de quoi lui en veut Proudhon.

Il est fermement convaincu que l'idéal de la Révolution ne peut se réaliser que si la terre est délivrée d'abord de la transcendance chère à l'Église. Point par point – qu'il s'agisse du travail, des biens, du mariage -, il oppose la doctrine de celle-ci à la doctrine de celle-là. Il creuse à plaisir l'abîme entre elles. La religion a bien pu, aux origines de la société, rendre quelques services. Et Proudhon est loin de les méconnaître. Mais prenant le contre-pied des thèses saint-simoniennes et comtistes, il déclare que la religion est condamnée par l'histoire. « Elle tend à mourir et non à vivre ». Elle ne peut plus être désormais, pour qui veut avant tout l'égalité ici-bas, qu'un obstacle et non un appui. Elle ne musèle pas seulement la liberté, elle ajourne la justice, elle déprécie le travail qui à lui seul devrait être la religion. Sur tous ces chapitres, Proudhon est intarissable, et proclame hautement qu'il y a lieu de continuer l'œuvre de libération commencée parles philosophes du XVIIIème siècle. Il y apporte, dirait-on, plus d'acharnement qu'eux-mêmes, parce qu'il parle en rural qui a vu souffrir ses frères des abus du parti prêtre, et en rural vertueux, nullement libertin, qui n'a d'autre souci, quand il réclame plus de liberté, que de faire régner plus de justice : anticlérical et même antireligieux parce que libertaire et

Célestin Bouglé

égalitaire.

On se doute après cela que l'auteur de *La Justice* se préoccupe de faire aussi peu de concessions que possible à l'Étatisme. Pour sociologue qu'il soit, sa sociologie ne le conduit pas à mettre l'État au-dessus de tout, à y voir une incarnation de la divinité : romantisme encore, bon pour un Hegel. Au contraire c'est la société –la société civile, celle qui s'organise par des contrats d'échanges entre travailleurs- qu'il veut faire vivre en face, et bientôt au-dessus de l'État pourvoir gouvernemental.

« Nous nions, déclare-t-il, le gouvernement de l'État, parce que nous affirmons la personnalité et l'autonomie des masses ». S'il fait de la société un Prométhée unique, c'est justement pour ne rien rendre à César. D'où son horreur pour le communisme, qui est à ses yeux une forme de catholicisme, et qui ne saurait s'instituer sans écraser l'individu. D'où aussi la défiance que lui inspire la démocratie elle-même, si elle compte sur la force publique pour réaliser son programme social. Ne fut-ce pas l'erreur de Louis Blanc ? C'est pourquoi Proudhon l'accable de ses traits, poursuivant en lui l'engeance de ceux qui croient, en matière de questions sociales, à l'efficacité des moyens politiques. Le principal objet de l'*Idée générale de la Révolution au* XIXème *siècle* comme des *Confessions d'un révolutionnaire* est bien de déraciner cette illusion, péché mignon des démocrates. Il importe de leur rappeler à eux aussi, à eux surtout, que l'Économique doit résorber le Politique : « l'atelier remplacera le gouvernement ».

*

* *

De quel côté, alors, chercher les réponses aux questions que pose le monde du travail ? Du côté des solutions banquières, dans une réforme de la circulation qui permette enfin le crédit gratuit et l'échange égal. Proudhon a été comptable, il a balancé de Doit et l'Avoir, il dédaigne quiconque ignore l'art de tenir des livres. Dans les couloirs de l'Assemblée de 48, il étonnera Victor Hugo en lui déclarant : « je suis un financier ». Il imaginait qu'en constituant une banque d'échange qui serait une Banque du peuple, les travailleurs pourraient en effet échanger produits pour produits et services pour services, ils pourraient contre promesses de travail, obtenir les avances nécessaires, ils n'auraient plus besoin de passer par les conditions léonines des banques usuraires. Et ce serait, de proche en proche, une véritable Révolution, la plus profonde, la plus efficace de toutes, puisque en devenant son propre banquier, le peuple deviendrait son maître.

La Révolution par le mutuellisme, telle est donc la recette chère à Proudhon. Elle seule permettrait d'organiser non seulement l'assurance mutuelle, le crédit mutuel, les secours mutuels, mais les « garanties réciproques de débouché, la bonne qualité et le juste prix des marchandises ». Devant ces perspectives libératrices, Proudhon ne contient pas son enthousiasme, qui s'accompagne, à l'égard des autres réformateurs, d'un dédain immense.

Ils persistent à se demander comment mettre la main sur l'État, comment utiliser la force publique ; mais lui n'a pas besoin de tout cet appareil. Sans regrets il envisage la « dissolution du gouvernement dans l'organisation économique ». Pour faire régner la justice, il lui suffit de groupes « médiocres », se faisant crédit, et échangeant pour leur valeur vraie les produits de leur travail. Ils sauront substituer définitivement aux rapports de subordination des rapports de commutation. Et ainsi son mutuellisme s'appuie sur un fédéralisme, indispensable article de foi pour Proudhon : « le XXème siècle ouvrira l'ère des fédérations ».

Il va sans dire que Proudhon n'ira pas jusqu'à l'extrémité de l'Anti-Étatisme qu'il laisse voir ici. Vient un moment où il a besoin, sous une forme ou sous une autre, de la force de la collectivité. M. Gurvitch, dans sa thèse sur *L'idée du Droit social*, a justement fait remarquer qu'au fur et à mesure que la pensée de Proudhon se fait constructive, et s'efforce de se représenter comment s'organiserait la vie économique, il semble concéder que l'État aurait à jouer un rôle de contrepoids. Mais la tendance dominante reste la même. C'est toujours contre une résurrection de l'État autoritaire que Proudhon entend prendre des garanties. Et ainsi s'explique l'évolution de son attitude à l'égard de deux institutions qu'il a, l'une et l'autre, critiquées vivement avant de reconnaître que, sous certaines formes du moins, elles sont appelées à rendre de grands services : il s'agit de l'association d'une part et d'autre part de la propriété.

Pour bizarre que cela puisse paraître, Proudhon s'est longtemps présenté en ennemi de l'association. Dans l'*Idée générale de la Révolution au XIXème siècle*, il insiste sur ses dangers plus que sur ses avantages. C'est que pour beaucoup de ses contemporains, -à commencer par Buchez, le Saint-Simonien redevenu chrétien qui exerça tant d'influence sur les ouvriers du journal l'*Atelier*,- l'Association était une panacée. Et rien n'agace Proudhon comme ces panacées proposées par ses contemporains. Il leur reproche d'avoir cru résoudre tous les problèmes quand ils n'ont lancé qu'un mot. Et il est vrai que derrière ce mot se cachaient des choses que Proudhon a toujours redoutées : une association intégrale, absorbante, l'inquiète ; ce bloc ne lui dit rien qui vaille. Mais des groupements à objectifs limités, qui laissent à l'individu plus de liberté qu'ils ne lui en prennent, et lui offrent un certain nombre de garanties, ne trouveront-ils pas grâce aux yeux de Proudhon ? Il le faut bien. Il ne saurait sans eux opérer la rénovation économique qu'il rêve. C'est pourquoi on le voit compter à son tour sur l'action de « compagnies ouvrières » capables de prendre en main de grandes entreprises, et qui, en pratiquant entre elles les lois du juste échange, institueraient une vie économique nouvelle. C'est ici qu'on voit intervenir chez Proudhon, si sévère qu'il soit pour Rousseau, un résidu de contractualisme. Un contrat social unique destiné à faire accepter une fois pour toutes les conditions de la vie politique, cela lui paraît absurde. Mais des contrats entre groupes de travailleurs, et portant sur les produits du travail, c'est à ses yeux monnaie courante, dans la société qui veut se passer de l'État.

Mouvement tournant du même genre à propos de la propriété. Non que nous accordions, comme on l'a longtemps répété, que Proudhon à la fin de ses jours, brûlant ce qu'il avait adoré, ou adorant ce qu'il avait brûlé, restaure la propriété privée dans tous ses droits après l'avoir déclarée impossible. Dès ses premiers mémoires il protestait qu'il s'agissait pour lui d'ébrancher l'arbre plutôt que de le déraciner, d'empêcher les abus d'une propriété « exclusive et envahissante ». Et son idée était de substituer à la propriété absolue, la possession, garantie en même temps que limitée : « possessionner » le travail, c'était son idéal. Mais il est certain que dans la *Théorie de la propriété*, il ne s'arrête pas au projet de restaurer la possession. C'est bien au *jus utendi et abutendi* qu'il rouvre la porte. Et pourquoi ? Deux idées le hantaient : les dangers que présente l'État, les services que rend le paysan. Des familles qui vivent de leur travail sur leurs terres, c'est « le miracle de la politique », et c'est l'antidote du virus politique. En face de cet absolu, l'État, dressons un autre absolu, la propriété du sol. Proudhon laisse voir ici à plein les préférences qu'il a toujours gardées, depuis son enfance de bouvier, pour les travaux des champs : plus près en ce sens de Quesnay que de Saint-Simon. Et son ruralisme, pourrait-on dire, vient au secours de son anarchisme. C'est sur le paysan propriétaire qu'il compte pour une rénovation, non seulement de la vie économique, mais de la vie politique. Il va sans dire d'ailleurs que ces libres paysans devraient eux aussi s'associer, que seule une organisation mutuelliste les empêcherait de devenir victimes de la féodalité novelle, et qu'enfin leurs groupements seraient les soubassements nécessaires de la Fédération agricole-industrielle rêvée par Proudhon, seul moyen de réconcilier la « Marianne des Champs » et la « Sociale des Cités », et condition préalable de ce qu'il appelle, un des premiers, la « démocratie industrielle ».

Mais il importe de préciser qu'il ne l'entend pas seulement au sens où l'entendront par exemple B. et S. Webb dans le livre qui porte le même titre. Il n'escompte pas seulement l'action des syndicats ouvriers. S'il écrit la *Capacité politique des classes ouvrières*, où il s'adresse surtout aux ouvriers des villes, dans la *Théorie de la Propriété*, son autre testament, il apparaît qu'il ne perd jamais de vue les paysans ni les conditions de vie qui leur sont nécessaires, au premier rang desquelles le droit d'être maîtres sur leur sol. Il lui faudra toujours des associations de libres cultivateurs, pour faire vivre sa « Démocratie industrielle ». Et son socialisme, qui n'oublie jamais les campagnes, restera au premier cher, selon la formule que suggère M. Aimé Berthold, un « socialisme pour les paysans », et dont les radicaux eux aussi pourraient s'accommoder.

En tout cas, on saisit dans tous ces plans la raison profonde du dédain qu'éprouvera Proudhon à l'égard des formes politiques de la démocratie, du suffrage qui atomise, des pouvoirs publics qui centralisent. Illusions, façades que tout cela. Les réalités que demande le juste instinct démocratique du peuple, elles sont à la portée de la main : dans une rénovation de l'ordre économique qui, com-

Célestin Bouglé

mençant parla gratuité du crédit et l'équité des échanges, aboutit à une organisation mutuelliste et fédéraliste, seule capable d'assurer l'égalités sans menacer la liberté.

Ainsi, tandis que le Saint-Simonisme nous a paru se placer surtout au point de vue des producteurs, le Fouriérisme surtout au point de vue des consommateurs, le Proudhonisme peut-être justement classé, comme le propose M. Aucuy, parmi les « socialismes de l'échange ». Mais c'est sur des fédérations de travailleurs, non sur des groupements de consommateurs, encore moins sur l'État qu'il compte pour réaliser le crédit gratuit et l'échange égal. Ce socialisme de l'échange prétend rester aussi un socialisme libéral, répugnant au centralisme collectiviste en raison même de la place qu'il réserve aux traditions rurales et aux aspirations fédéralistes.

Chapitre IX

Chapitre X

Bilan du proudhonisme (*suite*)

II. - Aujourd'hui

Dans le mouvement social de notre temps, que reste-t-il des idées proudhoniennes que nous venons d'essayer de classer ? La recherche nous a été heureusement préparée. Au retour de la guerre, les *Amis de Proudhon* – qui ont entrepris de rééditer, en vingt volumes, les œuvres de Proudhon- ont publié sous de titre : *Proudhon et notre temps*, une série d'études qui traitent de la classe ouvrière, de l'éducation, de la banque, de la situation des ruraux, du fédéralisme et de la paix ; à propos de chacun de ces problèmes, ils se demandent ce que pourrait conseiller, pour nous aider à sortir du déséquilibre d'après guerre, l'auteur qui leur est cher. Nous n'aurons, sur bien des points, qu'à suivre ces guides.

D'un autre côté, une difficulté s'annonce : la variété des interprétations auxquelles donne lieu la pensée de Proudhon ne diminue pas. Il en est même qui paraissent se contredire nettement. N'est-il pas difficile d'accorder l'éloge que décernent à Proudhon les syndicalistes « révolutionnaires » avec celui que lui réservent les « réformistes » ? Plus paradoxal encore de voir rapprochés, dans un même culte, des proudhoniens de gauche –qu'ils soient radicaux ou socialistes- et des monarchistes d'*Action Française* ?

Car il s'est trouvé des disciples de M. Ch. Maurras pour vouloir être aussi des disciples de Proudhon. Son portrait, affirme-t-on, figurait dans les bureaux de leur journal, naguère, entre celui du Pape et celui du Prétendant. Et il y a longtemps que M. Dimier l'avait classé parmi les « Maîtres de la contre-Révolution ». Les néo-monarchistes font valoir que nul n'a dénoncé avec plus de virulence, et l'étatisme centralisateur auquel aboutit quasi fatalement la démocratie, et l'atomisme essentiel auquel le système de suffrage universel la condamne –chacun comptant pour un et ne comptant que pour un. Ils relèvent encore que, contrairement à la tradition des démocrates, il a trouvé des arguments pour souhaiter le maintien du pouvoir temporel des papes, qu'au surplus il a tou-

jours défendu « la gloire du nom français », et qu'enfin on cueille-
rait, dans ses ouvrages sur *La Guerre et la Paix*, tout ce qu'il faut de
verges pour fouetter le pacifisme bêlant. N'en est-ce pas assez pour
enrôler notre auteur parmi les militants du nationalisme ?

Chacun de ces arguments appelle les plus sérieuses réserves.
Proudhon a loué la France avec ferveur, mais comme la « patrie des
chantres de l'éternelle révolution », et il l'a souvent avertie qu'un nation moderne devait mettre au-dessus de tout le souci de la justice.
Proudhon a célébré les vertus de la guerre, qui lui apparaît dans
certains cas comme un instrument nécessaire du droit. Mais si la
guerre piétine les formes juridiques, il la déclare bestiale ; si elle
se déclenche pour des fins économiques, il la condamne comme
anachronique. Proudhon s'est étonné qu'on enviât au Pape un territoire où il pût régner. Mais le principe d'autorité spirituelle, que le
Pape incarne, n'a pas eu de plus farouche ennemi que l'auteur de *La
Justice dans la Révolution et dans l'Église*. C'est même l'autorité tout
court – celle des rois aussi bien que celle des Papes - qu'il eût voulu
partout mettre en déroute. Dans l'*Idée générale de la Révolution
au* XIX*ème siècle*, la « série » qu'il se réjouit de dérouler, n'est-ce
pas celle qui montre nécessaire la banqueroute des divers régimes
d'autorité ? Comment accorder ces thèses avec celles qui se formulent ainsi : « Politique d'abord », et qui indiquent une aveugle
confiance dans les vertus du pouvoir personnel ?

*

* *

Anarchiste alors ? C'est l'étiquette qui conviendrait le mieux à
notre penseur ? Soit, à la condition de distinguer anarchisme et
anarchisme, et de dégager la doctrine de Proudhon des associations d'idées qui font le plus souvent cortège à ce mot. Il va de soi
d'abord qu'il ne saurait être classé dans la famille des anarchistes
violents. « Je ne suis pas un bousculeur », répète-t-il. Qui part en
guerre contre tels « préjugés bourgeois » : discipline familiale, fi-
délité conjugale, pureté des mœurs, celui-là non plus ne saurait
trouver en Proudhon un allié. On sait au contraire avec quelle ardeur il défend l'intégrité de la morale domestique, condition de

Chapitre X

l'établissement de la justice dans la cité. Sur ce point G. Sorel est bien fidèle à la pensée proudhonienne lorsqu'il répète : « Le monde ne deviendra plus juste que s'il devient plus chaste ». D'une façon générale d'ailleurs, il faut se souvenir que Proudhon, s'il affirme les droits de la personnalité humaine, est toujours prêt à la rappeler elle-même à l'ordre. Pas de moraliste plus intransigeant. Rien de plus éloigné de son attitude qu'un immoralisme à la Stirner. La tendance anarchiste chez Proudhon est limitée d'abord par ses préoccupations de sociologue moraliste. Mais surtout elle est inféodée, subordonnée à ses plans d'économiste. C'est parce qu'il a ces plans en poche qu'il est si hostile aux interventions gouvernementales, et qu'il demande que la République soit enfin une « anarchie positive ». Son idée fixe est, nous l'avons vu, la « dissolution du gouvernement dans l'organisme économique ». Et sur ce point, sa pensée se rapproche de celle de Saint-Simon, qu'il cite, qu'il loue d'avoir opposé aux survivances du régime militaire les exigences d'un régime administratif qui réduirait l'autorité politique à la portion congrue. Les vrais héritiers de « l'anarchisme » de Proudhon, c'est donc de ce côté qu'il faudrait les chercher : parmi ceux qui cherchent à organiser l'administration des choses par l'accord spontané de groupements qui ne seraient pas émanés du pouvoir gouvernemental. Lorsque M. Maxime Leroy, par exemple, dresse contre la tradition régalienne les institutions que tend à créer le pouvoir professionnel, il est au point de convergence de la tradition saint-simonienne et de la tradition proudhonienne, qu'il a d'ailleurs défendues l'une et l'autre avec l'éclat que l'on sait. Et à côté de lui se viennent ranger tous ceux qui disent, non pas « Politique d'abord » (ceci nous ramènerait aux antipodes de Proudhon) mais « Économique d'abord », et cherchent à reconstituer, comme le voulait Durkheim, entre l'individu et l'État une série de groupes intermédiaires capables de mettre de l'ordre sans coups d'autorité, dans la vie économique.

On se rappelle que cet ordre ne saurait être obtenu, selon Proudhon, sans une réforme totale de la circulation. C'est donc sur les modalités de l'échange et du crédit que devrait porter l'effort principal des groupes particuliers dont il escompte l'action. On a justement dit du développement des sociétés de secours mutuels, qu'il constituait une sorte de « revanche de Proudhon ». Et elles peuvent

Célestin Bouglé

en effet se flatter, lorsqu'elles organisent des caisses de crédit pour leurs membres, de remplir un des rôles que Proudhon assignait aux sociétés populaires. Il se fût spécialement réjoui de voir ce rôle tenu par les syndicats agricoles qui se sont multipliés avec la rapidité que l'on sait. Des paysans s'entendant, non seulement pour acheter ensemble engrais ou outillage, mais pour se passer de l'usurier en constituant une caisse d'avances où chacun d'eux puisse puiser, rien de plus conforme au vœu de Proudhon. Mais il va de soi que ses vœux dépassent singulièrement cet office. La Banque du Peuple qu'il rêve doit être à la fois banque d'escompte et de dépôt, d'émission et d'affaires, de crédit mobilier, agricole et hypothécaire. En exécutant toutes ces opérations, sans prélever de péage pour les revenus sans travail et sans faire appel au numéraire, par une sorte de généralisation de la lettre de change, elle doit « organiser la *permutabilité des valeurs* sans l'intermédiaire de l'argent, comme nous aurons à organiser le gouvernement de la société par tous les citoyens, sans l'intermédiaire de royauté, présidence ou directoire ». L'auteur du *Manuel du Spéculateur à la Bourse* pense ainsi, non seulement mettre un terme aux abus de la spéculation, mais abolir la « royauté de l'or », rendre possible la « démocratie économique », ou encore, comme il le dit en une formule frappante que devait retrouver M. Gide en parlant des coopératives, préparer la « subalternisation du capital au travail ».

Le plan de Proudhon est-il devenu réalité, au moins en partie ? Dans l'étude qu'il a consacrée à Proudhon banquier (c'est l'un des articles du livre *Proudhon et notre temps* que nous avons signalé). M. W. Oualid constate qu'un bon nombre de ses ides ont été mises en pratique, moins à cause du souvenir de ses livres qu'à cause de certaines crises, génératrices d'expédients. Pendant la guerre et après la guerre, n'a-t-on pas vu par exemple les États augmenter le volume de leur circulation fiduciaire en tenant de moins en moins compte de l'assiette métallique, et consentir des avances à leurs fournisseurs sur fournitures à faire ? L'un des effet des « miracles du crédit » loués par M. Mireaux n'est-il pas aussi de substituer le troc perfectionné des produits à l'usage du numéraire ? N'est-il pas devenu de règle, encore, que les Banques nanties d'un privilège soient astreintes à accorder des avances aux sociétés de crédit mutuel ou agricole à un taux extrêmement réduit ? Mais il est vrai que la plupart de ces transformation sont dues à des interventions de l'Etat, dont Proudhon se défiait fort, et que d'autre parte elles ne paraissent pas avoir procuré, en même temps qu'un allègement matériel pour les travailleurs, l'épuration morale à laquelle il tenait par-dessus tout… Trouvera-t-on moyen, pour mettre un terme à tant d'abus, de s'appuyer, non seulement ni surtout sur la puissance de l'État, mais sur celle que représentent, dans leurs coopératives, leurs syndicats, leurs mutuelles, les petits épargnants ? Le « syndicalisme des épargnants » -pour reprendre aux rédacteurs du nouveau *Producteur* une de leurs formules d'esprit plus proudhonien encore, celle-là, que saint-simonien,- réussira-t-il à contrebalancer ce que le directeur de l'*Information sociale*, Charles Dulot, propose d'appeler les « Congrégations économiques » ? Les paris sont ouverts. Le mérite reste à Proudhon d'avoir rappelé, et que la question sociale ne saurait être résolue sans une réorganisation du crédit, et que cette réorganisation elle-même suppose une méthodique participation de la « démocratie économique ».

Si l'on regarde maintenant l'aspect politique des réformes attendues par Proudhon dans l'ordre économique, on retrouve une formule qui s'impose : celle du fédéralisme. Nous avons vu que le XXème siècle devait, suivant Proudhon, ouvrir l'ère des fédérations, sous peine d'un nouveau supplice pour l'humanité. On pense bien qu'un pareil mot d'ordre n'a pas été perdu, chez nous, par les adversaires de la centralisation outrancière. M. Charles-Brun, l'un des défenseurs du régionalisme, ne manque pas de rééditer le *Principe fédératif.* Et il pense, comme beaucoup de ses confrères, qu'après la guerre, le livre est plus actuel que jamais. N'a-t-on pas vu, pendant celle-ci, l'État débordé en même temps que la capitale menacée ? N'a-t-on pas été amené à créer, pour mettre en valeur les ressources des provinces, des Comités consultatifs s'abouchant avec des Groupements de Chambres de Commerce ? On travaillait ainsi à limiter à la fois, et les effets du compartimentage départemental, et ceux de l'autoritarisme parisien. M. Hubert Lagardelle – un autre proudhonien de marque - nous montrait à propos du Sud-Ouest ce que pouvait donner une pareille méthode. N'était-il pas sage de la généraliser au moment où le retour de l'Alsace-Lorraine à la France créait à l'État unitaire français des difficultés spé-

Célestin Bouglé

ciales ? Le terrain était donc préparé. Des travaux comme ceux de M. Hauser délimitèrent avec méthode le nécessaire et le possible. Les résultats de ces efforts de remembrement ne sont pas très apparents jusqu'ici. L'État ne se dessaisit pas aisément de ses prérogatives, régaliennes et napoléoniennes. D'autant que la démocratie croit avoir souvent besoin de faire appel à lui contre telle ou telle puissance locale. Encore une question qui reste ouverte. Le jour où l'on voudra pour de bon la résoudre, on ne pourra pas ne pas se souvenir de Proudhon.

Chose curieuse, c'est peut-être sur le terrain international, après la guerre, que les voies s'ouvriraient le plus aisément à une pensée proudhonienne. Paradoxe, dira-t-on, si l'on se souvient que le principe des nationalités, auquel les Traités ont beaucoup accordé, est justement celui auquel Proudhon aurait presque tout refusé. En pleine réaction ici contre les démocrates de son temps, il protestait par avance contre la reconstitution de la Pologne : il n'eût pas plus salué l'indépendance de celle-ci, qu'il ne souhaitait l'unité de l'Italie. Il eût réédité, sans doute, contre la Tchécoslovaquie ou la Yougoslavie, les mêmes arguments. D'une façon générale, il était hostile à l'un des mouvements les plus caractéristiques de l'Europe moderne : celui qui tend à la constitution de nations unitaires et autonomes. Mais du moins se fût-il réjoui de la nécessité, démontrée par les faits économiques, qui s'impose aux peuples les plus soucieux de leur indépendance : tous se trouvent forcés un jour ou l'autre de tenir compte des solidarités qui les enchaînent à leurs voisins. Ainsi se multiplieront sans doute les compromis, les conventions à objectif limité, les contrats d'échange garantis : autant de navettes dont le va-et-vient tisse des liens de fédérations. Et c'est à cela que pensait la *Société Proudhon* fondée par M. Hennessy, lorsqu'elle plaçait sous les auspices de l'auteur du *Principe fédératif* l'idée d'une Fédération européenne destinée, non à contrarier, mais à seconder, et d'abord à guider, l'action de la Société des Nations elle-même.

*

* *

Chapitre X

Mais il y a une autre forme de fédéralisme où survit plus nettement que dans le fédéralisme régionaliste ou internationaliste la pensée de Proudhon : celle que M. Paul-Boncour a proposé d'appeler le fédéralisme économique ou encore professionnel, et dont le noyau est aujourd'hui constitué par le syndicalisme ouvrier. C'est peut-être de ce côté qu'il nous faudrait chercher les véritables héritiers, les continuateurs les plus actifs de notre auteur.

Pour bien comprendre cette affinité, c'est à la *Capacité politique des Classes ouvrières* qu'il faudrait remonter surtout. M. Maxime Leroy nous présente justement ce livre comme un des Manifestes qui datent, dans l'histoire des efforts que font les travailleurs pour s'organiser.

Il est très exact que ce testament est une chaude exhortation à l'autonomie ouvrière. Les travailleurs ont pleinement le droit, ils ont tout à fait raison, pense Proudhon, de faire bande à part, de se poser en s'opposant, de se constituer en classe. Ainsi prendront-ils conscience de l'idée qui leur est propre –et dont Proudhon escompte naturellement qu'elle correspondra à l'idée mutuelliste qui lui est chère.

Il est à noter que, parmi les ouvriers conscients de la nécessité où ils étaient, eux et leurs frères de classe, de s'organiser pour s'émanciper, plusieurs ne se bornèrent pas à accueillir avec gratitude les sympathies de Proudhon : ils furent heureux de lui emprunter quelques idées directrices, des embryons de théories, un vocabulaire. M. J.-L. Puech en a dès longtemps décelé la trace dans les réunions préparatoires de l'Internationale à Londres, puis dans les premiers congrès ouvriers internationaux. Les Français y parlaient de « réciprocité » et d'« échange égal », distinguaient entre l'« association » et la « coopération » (celle-ci sauvegardant mieux le droit de l'individu), faisaient appel à la mutualité. On put croire un instant à Genève en 1866 que l'Internationale ouvrière serait proudhonisée jusqu'aux moelles. Mais, trois ans après, à Bâle en 1869, le virus était éliminé : Marx, qui considérait Proudhon comme ayant « fait bien du mal », avait travaillé ferme, tant publiquement qu'en sous-main, contre cette influence détestée. Désormais il tenait les fils de l'Internationale. Le vocabulaire collectiviste se substituait, dans les résolutions de Congrès et de meetings, au vocabulaire mutuelliste. Après la victoire allemande, qui contribuait sans doute

Célestin Bouglé

à élargir sur tous les terrains le prestige du germanisme, quand le socialisme reprenait pied en France, c'était le plus souvent sous la forme marxiste.

On pouvait croire alors le Proudhonisme définitivement mort et enterré. Il devait revivre pourtant chez nous, et revivre évoqué moins par des partis politiques ou des clubs d'intellectuels que par des groupes d'ouvriers ; par ceux-là mêmes qui cherchaient à organiser, en dehors de la sphère de la politique, la force de résistance et d'action positive de leur classe. Les guesdistes, qui furent en France après 70 les principaux importateurs de la doctrine marxiste et qui se plaisaient à dresser le matérialisme déterministe contre l'idéalisme traditionnel des Français – le cheval-vapeur, disait Jules Guesde, en face des Droits de l'Homme - avaient créé des syndicats imprégnés de leur esprit, et qu'ils comptaient bien inféoder à leur parti. L'organisateur des Bourses du Travail, qui chercha à délivrer les syndicats de cette emprise et avertit les ouvriers que la conquête des pouvoirs –la mainmise sur l'usine aux lois, pour reprendre encore une formule de Jules Guesde- serait insuffisante à leur libération, Fernand Pelloutier, invoque nommément Proudhon et sa doctrine pour les inciter à compter sur eux-mêmes. L'autonomisme ouvrier, ainsi préparé, prévaut en 1906 dans la charte d'Amiens, votée contre l'intrusion de toute école politique comme de toute secte, par une coalition de « neutres » et d'« anarchistes » - ceux-ci peut-être se souvenant eux-mêmes des enseignements de Proudhon qui leur est cher. En tout cas ces enseignements sont abondamment commentés par les intellectuels – les Lagardelle, les Sorel, les Berth - qui dans *Le Mouvement socialiste*, quelques années avant la guerre, s'efforcent de fournir une idéologie, distincte de celle des partis politiques classiques, aux troupes syndicalistes. A la veille de la guerre, les dirigeants de la Confédération Générale du Travail – M. Jouhaux entre autres - ont notoirement puisé au même fleuve, où s'alimentait Pelloutier. Et après la guerre, lorsque s'ouvre la perspective des reconstructions non seulement matérielles, mais sociales, morales, intellectuelles, lorsqu'on vit dans l'attente d'un monde nouveau, libéré des formules traditionnelles qui dominaient dans le parti socialiste unifié, c'est bien au Proudhonisme que songent, c'est sur le Proudhonisme que comptent ces leaders ouvriers. Nous avons pu entendre l'un d'entre eux, Marcel

Laurent, exposer devant le *Comité National d'Études sociales et politiques* le plan du Conseil économique dont la C.G.T. réclamait instamment la création, et esquisser l'action rénovatrice, auxiliaire de l'action parlementaire, que celui-ci pourrait exercer en s'appuyant, non seulement sur les délégués de l'État, mais sur ceux des usagers et d'abord sur ceux des producteurs. Et M. Robert Pinot qui l'écoutait, de s'écrier : « Mais c'est du Proudhon que vous nous servez ».

Au surplus, préfère-t-on se référer à une manifestation collective ? Qu'on relise la motion adoptée au Congrès fédéral de Lyon, dès 1918 : « Créateur de toutes les richesses, élément qui commande l'activité sociale, le Travail entend être tout... »

> Cette conception, réalisée par l'effort des travailleurs, se fera suivant les modalités du travail lui-même constituant un ordre nouveau basé non sur l'autorité, mais sur les échanges, non sur la domination, mais sur la réciprocité, non sur la souveraineté, mais sur le contrat social.

Que ce dernier mot ne nous jette pas sur une fausse piste. Ce n'est pas à Rousseau que les militants de la C.G.T. pensent, mais bien à Proudhon : les contrats escomptés ici sont ceux qui s'institueraient, comme il le voulait lui-même, entre groupes fédérés pour faire régner la loi de « réciprocité » dans les « échanges », et assurer du coup la royauté du « Travail » ; toutes expressions, toutes notions qui ne trompent pas sur leurs origines, pas plus que les formules que M. Jouhaux aime à répéter : « Le politique recule devant l'économique »... « L'atelier remplacera le Gouvernement ». Ici plus que dans aucun autre milieu contemporain, il semble que Proudhon soit devenu le fournisseur intellectuel attitré.

Mais ici encore, interprète-t-on exactement son enseignement ? Est-on fidèle à son véritable esprit ? Naturellement on en devait discuter. Les projets de la C.G.T. depuis la guerre – bien que leur but final reste de faire disparaître, et le salariat, et le patronat, par l'action consciente de la classe ouvrière organisée- n'impliquent-ils pas des collaborations, voire des « compromissions », avec des représentants des classes ennemies, ou tout au moins avec des re-

Célestin Bouglé

présentants d'un État qui ne peut être qu'« inféodé à la bourgeoisie » ? Ils devaient aboutir en mai 1926 à un programme électoral – assurances sociales, contrôle ouvrier, impôts plus lourds sur les privilégiés, égalité devant l'instruction, lutte pour la paix- que les radicaux pouvaient contresigner aussi bien que les socialistes. Réalisme, assure-t-on. Réformisme conviendrait aussi bien, pour ne pas dire opportunisme. Où donc est ici l'esprit de négation, d'intransigeance offensive, qui brille si souvent, comme un glaive dans un buisson, à travers les dialectiques proudhoniennes ?

Plusieurs, parmi les collaborateurs du *Mouvement socialiste* dont nous rappelions tout à l'heure les tendances, avaient insisté sur cet aspect du tempérament de Proudhon. Et G. Sorel pensait peut-être lui être fidèle lorsqu'il écrivait ces *Réflexions sur la violence* – apologie des pots cassés, a-t-on dit- où il incitait les ouvriers à rosser sans scrupules les orateurs de la démocratie, et comptait sur la « grève générale », fût-elle un mythe, pour verser de l'héroïsme au cœur des prolétaires : bréviaire singulier qui eut la fortune, paraît-il, d'être un livre de chevet à la fois pour Lénine et pour Mussolini. Depuis la guerre, M. Edouard Berth a repris une attitude analogue. Dans la série de méditations et d'exhortations intitulée *Guerre des États ou Guerre des Classes*, l'auteur s'étonne que des ouvriers aient pu donner un pouce de leur chair pour des guerres nationales qui ne les touchent nullement : ils n'en peuvent être que les victimes. Mais au contraire, ceignent-ils leurs reins pour une guerre de classes, si brutale qu'elle doive être, alors bravo : ils ne méritent que des encouragements. Et M. Edouard Berth, parti à la recherche d'un nouveau sublime, d'invoquer Proudhon, le Proudhon de *La Guerre et la Paix*, pour démontrer que « tout ce qui est pacifiste semble frappé d'une invincible fadeur », et que « le socialisme ne reprend vraiment de la grandeur que dans la mesure où il redevient guerrier ». Bizarre amalgame où l'on retrouverait à l'analyse du Nietzsche, du Hegel, du Bergson. Mais du Proudhon ? Très peu à notre sens. Parce que, en dépit de ses hymnes à la guerre, première révélatrice du droit, Proudhon, comme il le répète, n'a rien d'un bousculeur. Il ne croit nullement – c'est une de ses raisons de refuser son adhésion à Marx en 1844- à l'utilité des secousses révolutionnaires. Pour résoudre des questions économiques et sociales, il ne fonderait pas plus d'espoir sur la vertu des

Chapitre X

« guerres de classes » que sur celle des « guerres d'Etat ». Pour tout dire en un mot, le « rationaliste » qu'il reste – comme le démontre très clairement M. Guy-Grand, dans son introduction à la *Justice* - eût été vraisemblablement agacé par le « romantisme » dont ces intellectuels bergsonisants ont essayé d'envelopper le syndicalisme ouvrier. Songeons que, même dans son livre consacré à la *Capacité politique des Classes ouvrières*, Proudhon prend position contre la grève, qu'il craint de voir dégénérer en une tactique de brise-tout. Contre les brise-tout, il a passé son temps à crier casse-cou. C'est dire combien il est loin de ceux que M. Sombart a appelés les dilettantes de la violence.

Ce serait d'ailleurs le moment de rappeler que la *Capacité politique des Classes ouvrières* ne répond qu'à une face de la pensée de Proudhon. Pas plus qu'il n'est un apologiste intransigeant de la violence, Proudhon n'est un ouvriériste intégral. Nous avons vu que les ruraux sont aussi près, sinon plus près de con cœurs, qu'en songeant à eux il sauvegarde la propriété aussi bien qu'il conseille l'association, et qu'en conséquence des radicaux, pour rédiger leur programme, pourraient, aussi bien que des socialistes, lui demander des inspirations.

À vrai dire, on comprend que la complexité de cette pensée ne soit pas sans agacer les hommes d'action qui ont peut-être besoin de formules simplistes pour entraîner les masses. A cet égard, le marxisme présente d'incontestables avantages. Mais le Proudhonisme conserve cet intérêt, à nos yeux supérieur, d'être plus aisément adapté aux formes diverses de la réalité d'aujourd'hui.

Célestin Bouglé

Conclusion

Résultantes et perspectives

Quelles chances le socialisme garde-t-il de se réaliser dans la France de demain, et sous quelles formes ? Après la revue que nous avons menée, et les confrontations auxquelles nous nous sommes livrés, on voudrait pouvoir répondre à cette question.

En remontant vers les doctrines du passé, pour en redescendre vers la vie actuelle, nous avons pris un élan qu'il est difficile d'arrêter brusquement à l'heure qui vient de sonner. Nous ne pouvons nous empêcher de jeter un regard au delà : de tant de forces d'origines diverses que nous avons évoquées, quelles sont celles qui vont dominer les autres ?

Il y a socialisme et socialisme : c'est l'une des vérités élémentaires que notre enquête nous a rendues présentes. La première caractéristique de la tradition française en pareille matière, c'est précisément la variété des systèmes qu'elle assemble, des tendances qu'elle rapproche. Le socialisme collectiviste des Saint-Simoniens, préoccupés avant tout de l'organisation des producteurs, diffère sur bien des points du socialisme coopérateur des Fouriéristes, soucieux de décupler les joies du consommateur. Proudhon à son tour tire du côté fédéraliste et syndicaliste. Et ni les uns ni les autres n'auraient souscrit au programme révolutionnaire de Babeuf.

Mais surtout ni les uns ni les autres n'auraient accepté tel quel le faisceau de tendances où nous avons vu le legs du XVIIIème siècle et de la Révolution française. La philosophie qui finit par dominer alors, proclamant au-dessus de tout les Droits de l'Homme et du Citoyen, semble ouvrir les voies à la démocratie. Mais ce n'est pas de démocratie que se soucient nos grands inventeurs dans la première moitié du XIXème siècle. Leurs préoccupations sont tout autres. Le courant qui mène au socialisme commence par être nettement distinct de celui qui mène à la démocratie. La chose est manifeste chez un Fourier comme chez un Saint-Simon, inquiétés tous deux par les convulsions destructives de la Révolution, mal disposés d'ailleurs à exiger l'égalité : nous avons vu qu'ils attachaient peu de prix à la liberté politique et aux garanties constitutionnelles qu'elle réclame. Nul doute que la « défense républicaine » n'eût pas présenté grand intérêt à leurs yeux : qu'importe le régime politique pourvu que progresse l'organisation économique ? Proudhon lui-même eût presque souscrit à cette formule. A vrai dire, son attitude vis-à-vis de la démocratie est fort différente de celle de ses prédécesseurs, contre lesquels il réagit, comme ils réagissent contre la Révolution. Il veut l'égalité et la liberté : deux absolus à ses yeux, deux valeurs morales irremplaçables. Mais il n'admet à aucun prix que, sous prétexte de servir l'égalité, on revienne à l'autorité. En ce sens, la République serait à ses yeux le régime idéal parce qu'elle est « anarchie positive ». Il se situerait donc, non pas en deçà, mais au delà des exigences traditionnelles de la démocratie. Il se dirait plutôt ultra-démocrate. La grande illusion contre laquelle il entend mettre la démocratie en garde, c'est la conviction que par des moyens politiques elle pourrait résoudre les problèmes économiques et sociaux qui s'imposent à elle. Idée bonne pour un Louis Blanc, essayée tant bien que mal en 48. La faillite de cette espérance n'étonne pas Proudhon. Il l'eût prédite, pour ne pas dire qu'il la souhaitait. Et c'est justement pour parer aux déceptions de la démocratie, toujours prête à glisser vers l'Étatisme, qu'il lance ce mot d'ordre : « Démocratie industrielle ».

*

* *

A ce point de vue, et si différents que soient sur certains points les sentiments d'un Proudhon ou d'un Saint-Simon, on pourrait dire que leurs thèses convergent pour soutenir une tendance qui a trouvé une grande faveur de nos jours, et dont beaucoup entendent se servir pour remédier à l'impuissance, à leurs yeux démontrée, de la démocratie politique en face des questions économiques et sociales : et c'est la foi syndicaliste, celle qui compte, pour redresser les erreurs du parlementarisme, sur les groupements professionnels reconstitués sous des formes diverses.

Nous avons noté que M. Herriot, dans le livre intitulé *Pourquoi je suis radical-socialiste*, rappelle le rôle joué, à l'origine de sa vo-

Célestin Bouglé

cation politique, par les souvenirs de la Révolution. Ce n'est pas Robespierre ou Danton, c'est Saint-Simon et Proudhon que M. H. de Jouvenel cite et commente dans le livre intitulé *Pourquoi je suis syndicaliste*. M. Maxime Leroy, théoricien du pouvoir professionnel, ne manque pas de chercher à son tour le point de jonction entre la pensée saint-simonienne et la pensée proudhonienne. Ce sont aussi des formules de Proudhon – « l'atelier remplacera le gouvernement » - que M. Léon Jouhaux jette le plus volontiers dans la balance lorsqu'il résume ce qu'on peut attendre du mouvement syndical en France. Les leaders du syndicalisme ont donc pris nettement conscience qu'il y a là une tradition sur laquelle ils pouvaient s'appuyer ensemble pour faire prédominer enfin l'économique sur le politique, et compléter ou corriger l'action des parlementaires par celle des travailleurs associés.

Faut-il croire, en conséquence, que ceci va éliminer cela et que le syndicalisme, ayant obtenu gain de cause devant l'opinion, va l'incliner à faire bon marché des conquêtes de la démocratie politique ?

L'installation de la « démocratie industrielle » aurait alors pour conséquence un recul, à la fois de l'individualisme considéré comme fin, et du parlementarisme considéré comme moyen ? Et par cette crise encore on serait ramené à ce procès-verbal de carence que M. Daniel Halévy établit, en confrontant les mœurs et méthodes de la République d'aujourd'hui avec celles de la République d'autrefois, comme M. Fournol l'établit en montrant les gains de la manière américaine, en fit de politique sociale, sur la manière française : « décadence de la liberté » sur toute la ligne...

Devons-nous souscrire à ces conclusions et croire que le progrès de l'industrialisme, cher aux Saint-Simoniens, doit fatalement avoir pour résultat l'abandon du libéralisme, non seulement économique, mais politique et intellectuel, cher aux hommes de la Révolution ? Le jeu de bascule serait donc inévitable et l'on ne pourrait monter d'un côté qu'en descendant de l'autre.

La liberté peut être entendue de bien des façons. Elle peut revêtir bien des formes. Et il faudrait les avoir toutes sous les yeux, en même temps que leurs courbes d'évolution peut-être différentes, pour juger si dans l'ensemble le libéralisme perd ou gagne.

Conclusion

Liberté, c'est d'abord sans doute, pour la plupart de ceux qui l'invoquent, indépendance aussi complète que possible : droit d'aller et venir, de choisir sa profession, comme sa résidence, d'acheter et de vendre à sa guise, d'organiser enfin sa vie sans avoir de comptes à rendre à personne. La plus simple expérience nous avertit bientôt que cette liberté-là ne saurait être absolue. Du moment où ils vivent en société, les individus sont obligés d'admettre certaines limites, certaines restrictions à leurs caprices. Pas de vie commune possible sans un minimum de réglementation.

Du moins, si l'on participait à l'établissement de ces règles, si l'on avait son mot à dire sur elles, si elles n'étaient en quelque mesure soumises au contrôle de ceux qui les doivent respecter, ce serait une compensation, une consolation. Telle est justement celle que nous offre le système des libertés politiques ; il met le citoyen à même de faire connaître son opinion et d'exercer, de près ou de loin, directement ou indirectement, son influence sur les lois. Le citoyen pense alors en législateur. Il a sa part de responsabilité dans l'établissement des lois auxquelles il est soumis. En un sens elles sont son œuvre. En leur obéissant, il s'obéit à lui-même. C'est la liberté-autonomie. Le penseur le plus féru pourtant d'indépendance, Rousseau, nous avertit que dans un État policé cette liberté-là gagne aux dépens de l'autre : « l'obéissance à la loi qu'on s'est prescrite est liberté ».

Mais la liberté ne comporte-t-elle pas d'autres sens encore ? Si, sans être gêné par aucune autorité politique, et même en ayant barre sur toute autorité politique, on se trouve pourtant incapable de subvenir aux besoins élémentaires de la vie, de se sustenter, de se loger, de se vêtir, si l'on reste en un mot dénué de tout pouvoir sur les choses, *nudus et inermis*, alors faut-il dire encore qu'on est libre ? Le droit formel, devant le dénuement économique, n'est-il pas une dérision ? C'est ainsi que l'on est amené à accorder que, sans un minimum de puissance, la liberté est un vain mot. Et c'est justement sur la nécessité de cette liberté-puissance que toute la littérature socialiste a mis l'accent. M. Ch. Andler observait dans son livre *Le Socialisme d'État en Allemagne* que cette conception était familière aux penseurs allemands qui élaboraient le socialisme. Mais il ne faut pas dire qu'elle leur soit particulière. Ils n'en ont pas le monopole. Nombre de penseurs chez nous, entre 1800 et

Célestin Bouglé

1848, confrontant la situation faite au peuple des travailleurs, par le machinisme, avec les principes proclamés par la Déclaration des Droits de l'Homme, font observer que sans pain, sans travail, sans garanties de vie matérielle, le citoyen n'est pas libre. Et c'est l'un des thèmes que développe Victor Considérant dans *Le Socialisme devant le Vieux-Monde*, comme Louis Blanc l'avait développé dans *L'Organisation du Travail*. Il est donc naturel que le peuple veuille se servir de sa liberté-autonomie pour généraliser la liberté-puissance, dût en souffrir quelque peu la liberté-indépendance. Et telle est bien en effet l'argumentation par laquelle on justifie toutes les entreprises de politique sociale : sauvegarde du salaire, des loisirs, assurance contre les accidents du travail, la maladie, la vieillesse, le chômage.

La pente est glissante, direz-vous. Pour augmenter son bien-être, pour gagner sa sécurité du lendemain, la masse acceptera, elle fera accepter un réseau de réglementations de plus en plus serré. Au bout du compte, elle aura vendu son indépendance pour un plat de lentilles. Elle laissera voir qu'elle fait bon marché de ses droits politiques, voire de sa liberté intellectuelle. Pourvu que la vie économique soit bien organisée, c'est l'essentiel : quand la cuisine va, tout va… Et le fait est que plus d'un conservateur, dédaigneux des libertés modernes, a compté, pour amener la masse à les dédaigner à son tour, sur une politique sociale alimentaire. Ne fut-ce pas le calcul de Bismarck promulguant les lois ouvrières ? N'est-ce pas, toutes choses égales d'ailleurs, celui de M. Mussolini organisant les syndicats ? Sa prétention est bien de convaincre les masses, par des démonstrations de prospérité, que les Droits de l'Hommes sont une arme inutile, ou plutôt dangereuse, plus dangereuse pour le peuple que pour les gouvernants, car le peuple invoquant ces droits, en prétendant s'en servir, gênerait l'action efficace des gouvernants eux-mêmes.

Il ne nous semble pas que pareils calculs puissent rencontrer grand succès chez nous. Ne serait-ce que parce qu'ils se heurtent à une tradition qui conserve de sa force, celle de la Révolution française ; celle-ci ne veut pas seulement du pain, mais des droits pour les hommes, et la faculté de surveiller l'élaboration comme l'application des lois qui règlent leurs destinées. Mystique si l'on veut, cette mystique, en dépit de bien des déceptions, reste chère à la ma-

Conclusion

jorité des électeurs : les statistiques électorales en sont la meilleure preuve. Pour juger du système politique, la masse des citoyens, chez nous, demeure prête à invoquer non seulement l'utilité sociale, mais la dignité personnelle. Et vainement s'efforcerait-on de les convaincre qu'un pouvoir dictatorial ferait bien mieux leur affaire. La perspective leur répugne d'être traités comme des choses. Ils trouvent bon que chacun ait son mot à dire, et puisse se faire son idée à sa guise. La persistance de ces sentiments est un des éléments constituants de l'atmosphère française. C'est parce qu'ils les sentent toujours présents que tant d'observateurs étrangers regardent la France comme un des remparts de l'humanisme individualiste, le pays où les hommes sont le moins prêts à se laisser mécaniser, où ils tiennent à honneur de penser par eux-mêmes –celui par suite sur qui l'on devrait avant tout compter, en bonne logique, pour résister au progrès de l'industrialisme à l'américaine comme à celui du socialisme à l'allemande.

On sait combien de réflexions d'observateurs récents convergent vers cette même conclusion : celles de M. Sieburg, dans *Dieu est-il français ?* et celles de M. André Siegfried dans le *Tableau des Partis politiques en France*, sans parler de celles de M. Duhamel dans ses *Scènes de la vie future*.

*
* *

Ce « climat » particulier à la France, on ne l'explique pas surtout par le prestige dont y ont longtemps joui les intellectuels et les membres des professions libérales, mais par la prépondérance qu'y gardent les paysans. Individualistes encore, et désireux pour la plupart de montrer leur indépendance vis-à-vis du hobereau comme vis-à-vis du vicaire, ils combattent eux aussi, affirme M. Siegfried, « sur le front de l'humanisme ». Mais ce n'est pas sur les seules épaules du paysan que repose la cause de la liberté en France : il conviendrait ici d'alléguer une tendance plus générale, et qui prouve à elle seule combien il serait difficile chez nous de résorber le politique dans l'économique : et c'est ce qu'on appelle quelquefois le laïcisme, la volonté de défendre l'État contre les em-

Célestin Bouglé

piétements de l'Église, afin de mieux sauvegarder les droits de la conscience individuelle. Volonté qui se rencontre, énergiquement tendue, chez des citadins comme chez des ruraux, chez des prolétaires comme chez des bourgeois.

Il n'est pas besoin d'insister sur la vivacité des luttes que ce problème suscite, ni sur leur retentissement dans toute la vie politique de la France. Beaucoup déplorent ces batailles qui divisent la nation contre elle-même. Ils voudraient en faire abstraction, ils demandent la permission de penser à autre chose. Nul doute que les jeunes qui s'intitulent réalistes, et réclament à grands cris une politique nouvelle, ne veuillent signifier ainsi, entre autres choses, qu'ils se désintéressent de ces querelles d'idées désuètes, dépassées. D'ailleurs nombre de ceux qui y participent se déclareraient contents, eux aussi, de tourner enfin cette page. Il nous souvient des colères de Jaurès contre les intransigeances cléricales qui obligent la République à se défendre, alors qu'elle aurait, sur tant de terrains, une action positive à mener pour assurer aux travailleurs une liberté réelle. Mais c'est une des fatalités de notre histoire, que ce problème ne puisse jamais être complètement résolu. Le principe de la laïcité sera toujours remis en question. L'Église a été trop longtemps toute puissante. Trop longtemps elle a eu en main tout l'enseignement. Elle se sent lésée, blessée par un régime « libéral », mettant sur le même pied que les autres les croyances qu'elle consacre et qui ont si longtemps été, entre ses mains, instruments de gouvernement. Et de fait ses pasteurs répètent, de temps à autre, que les lois de laïcisation sont des lois iniques, qu'à vrai dire ce ne sont pas des lois (*magis sunt violentiae quam leges*) ; ils rappellent que le libéralisme et le latitudinarisme sont des erreurs damnables, et d'ailleurs qu'il est dangereux de croire que les peuples soient capables de se gouverner eux-mêmes.

En ce sens, Proudhon n'a pas tort : entre l'esprit de la Révolution et celui du Catholicisme, il subsiste un antagonisme essentiel. En dépit des conventions de silence qui rendent possibles les compromissions nécessaires à la vie commune, il reparaît de temps en temps à la surface. Et c'est pourquoi les républicains – qu'ils soient socialistes ou radicaux ou même libéraux-conservateurs - se regardent comme obligés de monter la garde autour de l'école laïque, et d'expliquer comment, respectueux de toutes les croyances, ils

Conclusion

n'entendent laisser à aucune d'elles le monopole de former les nouvelles générations. Que les ferments de division, comme les méthodes d'autorité, restent à la porte de l'école publique, cela est nécessaire à la fois à l'unité de la nation et à la liberté de l'individu. La conception de la vie à laquelle il s'arrêtera n'aura de prix que s'il l'a librement choisie. De ce point de vue, l'esprit critique – odieux aux Saint-Simoniens - reprend une valeur, une fonction sociale. Il est considéré comme le sel de la démocratie. Il promet à l'individu une sorte de revanche perpétuelle sur l'autorité.

L'inconvénient, le danger de la situation créée par cette tradition, on l'a cent fois signalé. Non seulement elle rend plus difficile la tâche des « organisateurs » quels qu'ils soient – détestés en effet par Proudhon - puisque, loin de prêcher la docilité aux hommes, elle leur suggérerait plutôt la résistance, en tout cas, elle préconiserait la critique universelle et le contrôle perpétuel. Mais entre partisans de l'autorité catholique et partisans de la liberté laïque, elle risque d'entretenir une sorte de guerre intellectuelle latente. En contre-partie, notons – comme l'a justement remarqué déjà M. Romier - que ce problème toujours épineux empêche les esprits de s'endormir, qu'il les invite à se grouper sous d'autres rubriques que sous celles des intérêts, qu'il contribue enfin à alimenter en France une sorte de vie spirituelle publique au-dessus de la vie économique.

Il est à remarquer d'ailleurs que, dans la pratique, ces antagonismes sont souvent moins âpres qu'ils ne paraissent devoir l'être, lorsqu'on confronte les principes. Ils n'empêchent pas les collaborations sur plus d'un terrain. Quand la nation est menacée, cela va de soi, catholiques et laïques se montrent capables de se rapprocher instantanément. Le sentiment national garde ici sa force dominatrice. Mais les questions sociales aussi sont capables de susciter de pareils rapprochements. N'avons-nous pas vu avant la guerre, sur une même estrade de réunion publique, un Archevêque et un Secrétaire de la Confédération Générale du Travail revendiquer parallèlement le repos du dimanche ? Depuis, bien des catholiques sociaux ont uni leurs voix à celles des radicaux et des socialistes pour réclamer les huit heures ou les assurances sociales. De Lamennais à De Mun, en passant par Buchez, ils peuvent allé-

Célestin Bouglé

guer une grande tradition qui leur conseille, non seulement d'organiser la charité privée, mais d'accepter l'intervention de l'État, en tout cas et surtout de favoriser l'action des associations ouvrières. C'est dire que lorsqu'il s'agira de faire voter des lois de tendance socialiste - de celles-là même auxquelles les réflexions saint-simoniennes préparent les esprits - les démocrates rencontreront, et de plus en plus souvent sans doute, l'appui des catholiques.

Il n'en reste pas moins entre eux un désaccord d'importance. Et il porte justement sur la démocratie elle-même, dont la tradition catholique paraît difficilement pouvoir accepter le principe.

Nous n'ignorons certes pas qu'il existe des catholiques démocrates, et en bon nombre, et fort ardents : en matière de politique internationale comme en matière de politique sociale, ils déploient une grande activité : l'appoint de la force qu'ils représentent n'est nullement négligeable. Mais on sait bien aussi - l'expérience l'a prouvé - que ces démocrates peuvent être d'un instant à l'autre rappelés à l'ordre, et au respect de la hiérarchie catholique, par l'autorité du Pape. La distinction entre les opinions qui sont, et celles qui ne sont pas de son ressort, ne vaut pas grand'chose lorsqu'un coup de sa crosse tombe sur les têtes penchées. Et si, par exemple, il commande à ses fidèles de repartir en guerre contre les lois laïques, toute la construction républicaine s'en trouve à nouveau ébranlée. Tant que de pareilles perspectives resteront ouvertes, le vœu syndicaliste que nous dégagions comme une résultante des théories des grands socialistes français entre 1800 et 1848 ne sera pas accompli : la politique ne restera pas confinée dans la « science de la production », elle aura d'autres problèmes à traiter que les problèmes purement économiques, ce qui revient à dire qu'en dehors de l'Économique, la Politique gardera sa raison d'être.

*
* *

Au surplus, problème laïque à part, il sera difficile de faire comprendre à la majorité des Français que les questions économiques et sociales soient purement et simplement des questions techniques, et que la sagesse commanderait d'en laisser la solution à des

Conclusion

experts, sans que les masses aient à dire leur mot. M. Guy-Grand le faisait judicieusement remarquer en discutant, dans *Proudhon et notre temps*, la thèse maîtresse de son auteur : un vote traduit toujours plus ou moins directement une préférence métaphysique. Optez-vous pour ou contre une mesure de législation sociale ? Cela dépend en dernière analyse de votre conception du monde, de la table des valeurs que vous avez adoptée, et par exemple du niveau de vie ou du genre de contrôle qu'il vous paraît juste d'accorder à la masse. Ce sont ces jugements de valeur, optimistes ou pessimistes, qui constituent les âmes des partis. Et l'effort pour faire triompher l'une ou l'autre de ces conceptions, dans la législation et l'administration d'un pays, suppose en effet des partis, des discussions publiques, des délibérations d'assemblées où la majorité décide et oblige le gouvernement aux interventions.

Si ces réflexions sont exactes et si ce sentiment reste encore puissant en France, il serait donc trop tôt, en dépit de tant de malédictions convergentes, pour y proclamer la mort de la pensée politique. Les Français garderont longtemps encore l'habitude de s'entre-battre pour des abstractions. Peut-être d'ailleurs faudrait-il faire intervenir une fois de plus, pour expliquer cette persistance de la politique, ces masses rurales dont nous avons déjà signalé le poids. La démocratie industrielle, si jamais elle doit prendre figure chez nous, n'y pourra s'installer qu'en faisant une large place à la démocratie rurale. Proudhon, nous l'avons vu, serait le premier à nous en avertir, lui qui retient, en la transposant sur un autre plan, la tradition physiocratique. Mais la démocratie rurale, contrairement à ce qu'eût pensé ce même Proudhon, serait peut-être la dernière à mépriser les voies et moyens de la démocratie politique. Non pas seulement parce que le paysan, en bien des régions, conserve le souvenir de la pression exercée sur lui par les puissances locales : et contre elles il serait toujours disposé à faire donner la garde du pouvoir central. Mais parce que, pour sauver ses conditions de vie, pour maintenir le bon prix des blés, pour se défendre contre les abus de la spéculation ou les excès de l'importation, il a besoin de la loi : ses syndicats eux-mêmes ne sauraient se passer finalement de l'intervention de l'État. La pensée paysanne prendrait ici, selon un bon observateur - Marcel Déat dans ses *Perspectives socialistes* - le chemin inverse de celui où s'est engagée la pensée ouvrière.

Célestin Bouglé

Celle-ci irait volontiers du politique à l'économique, celle-là de l'économique au politique. Un bon nombre des problèmes pratiques que la vie quotidienne impose au cultivateur l'inciteraient à se tourner vers l'État, et renouvelleraient en lui chaque jour le désir d'agir par les députés sur le gouvernement. Au contraire, les ouvriers, devant une législation ouvrière imparfaite, abusivement uniforme, répondant mal à la diversité et à la complexité de leurs situations dans les usines, comprennent de plus en plus nettement la nécessité de compléter, sinon de remplacer sur certains points l'action parlementaire par l'action syndicale.

Ce qui ne veut pas dire pour autant, ajoute le même observateur, qu'ils soient enclins à abandonner l'idéal démocratique. Ce que Sidney et Béatrice Webb ont étudié sous le nom de *Démocratie industrielle*, c'est l'organisation des Trade Unions. Sous cet effort d'identification se retrouve une thèse qui se défend. Le syndicalisme n'offre-t-il pas aux travailleurs le meilleur mode de représentation comme le meilleur instrument d'action collective ? Il réclame - c'est chez nous du moins la devise qu'il a adoptée - non seulement le bien-être, mais la liberté. Il fournit aux masses ouvrières, sous des formes variées, en même temps que des possibilités de contrôle sur le patronat, des possibilités de pression sur l'État. Par ces voies nouvelles, c'est encore l'esprit démocratique qui gagne du terrain. Il n'est pas étonnant par suite qu'à l'instar des ouvriers, d'autres catégories sociales - les fonctionnaires par exemple - demandent à la puissance du groupement syndical le moyen de porter leurs revendications devant les pouvoirs publics en même temps que devant l'opinion prise à témoin, et d'accélérer en l'éclairant l'action parlementaire. Le syndicalisme ainsi compris ne serait pas une négation, mais une extension de la démocratie : il jetterait un pont entre la démocratie politique et la démocratie industrielle, il nous permettrait d'exploiter en commun et le legs de la Révolution française, et celui des socialismes saint-simonien et proudhonien.

Le sentiment démocratique pourrait d'ailleurs se loger en bien d'autres institutions qui seraient à chercher, non plus du côté des syndicats proprement dits, mais du côté des associations coopératives, dont nous avons observé qu'elles incarnent une part de pensée fouriériste. Les associations ouvrières de production, di-

Conclusion

sions-nous, n'ont pas donné tout ce qu'on en attendait en 48. Malgré les 210 millions d'affaires qu'ont pu faire en 1930, en utilisant les avances de l'État, les 340 coopératives qui adhèrent à la Chambre consultative, elles ne paraissent pas de taille à imposer à la vie économique des transformations de grand style. Ce n'est pas à dire qu'elles n'aient plus un rôle à jouer. Parce qu'elles promeuvent les salariés au rang de cogérants d'un atelier, elles mènent une tâche éducative dont une démocratie industrielle souhaiterait logiquement la généralisation. Et si, à l'heure actuelle, il leur est difficile de soutenir la concurrence des grandes entreprises largement pourvues de capitaux, peut-être, en bornant leurs prétentions à se grouper pour fournir du travail qu'ils resteraient libres d'organiser à leur guise, les ouvriers garderaient-ils une part d'autonomie qui ne serait pas à dédaigner. N'est-ce pas sur ces sortes de régies que l'auteur de la *République industrielle*, H. Dubreuil, semble placer le plus clair de ses espérances ?

D'ailleurs, les coopératives de consommation, dont la sphère est à l'heure actuelle beaucoup plus large que celle des coopératives de production, peuvent se vanter elles aussi d'être fidèles aux exigences de l'esprit démocratique. Car on ne voit pas chez elles, comme dans les sociétés par actions, un homme disposer d'autant de voix qu'il a acquis d'actions : ce qui rend illusoire le contrôle des petits actionnaires. Chaque coopérateur, dans la réunion qui décide des achats ou répartit les besoins, compte pour un et ne compte que pour un. Et si les coopératives associées réussissent non seulement à refouler le commerce privé, orienté vers le profit, mais à étendre leur contrôle sur un nombre croissant d'établissements industriels devenus leurs fournisseurs attitrés, si même elles arrivent à limiter, en coalisant leurs épargnes, la souveraineté des banques d'affaires, on pourra soutenir que le monde nouveau qu'elles essaient de construire répond bien à ce que M. Poisson appelle une « république coopérative ».

La tradition de la Révolution française, qui veut que l'individu garde une part de contrôle sur l'institution, trouverait donc, dans les réalités économiques et sociales d'aujourd'hui, plus d'un moyen de survivre. Elle n'est pas confinée entièrement dans le parlementarisme. Et même si la part de celui-ci devait être réduite d'une façon ou d'une autre dans la vie de la nation, la démocratie indus-

Célestin Bouglé

trielle n'en serait peut-être pas éliminée du même coup.

*
* *

Il reste qu'à l'heure actuelle les décisions qui intéressent l'ensemble de la nation sont discutées devant des assemblées dont les membres sont élus au suffrage universel, que sans l'aveu de ces assemblées elles ne peuvent prendre force de loi, et que ce barrage a été regardé jusqu'ici, par la majeure partie de l'opinion publique, comme une des plus sûres garanties de la liberté. Si ce barrage devait être abaissé, si, avec l'appui du syndicalisme, on arrivait à réduire le parlementarisme à la portion congrue, ce serait un changement considérable. Et ainsi il se vérifierait qu'un mouvement d'idées qui peut se réclamer, nous l'avons vu, des grands socialistes français, aurait pour résultat d'ébranler une des institutions centrales du régime logiquement issu de l'esprit de la Révolution française. C'est pourquoi il convient d'observer avec une attention spéciale l'espèce de duel engagé sous nos yeux entre le parlementarisme et le syndicalisme.

Le syndicalisme est volontiers sévère pour les méthodes de l'État républicain. Il le montre, en raison même du développement de l'industrie, de sa complication, du poids dont elle pèse sur la vie de la nation, enclin à assumer des tâches pour lesquelles il est particulièrement mal outillé. La croissance exubérante des entreprises modernes pose à chaque minute les problèmes les plus complexes, qu'il s'agisse de leurs rapports avec la masse des consommateurs ou avec la classe ouvrière. Quelle catégorie de produits faut-il protéger par des tarifs, et dans quelle mesure ? Comment assurer aux travailleurs des loisirs convenables sans arrêter l'élan de l'usine, sans diminuer son rendement ? On ne saurait esquiver ces problèmes. Mais si l'on essaie de les résoudre parles moyens ordinaires dont dispose l'État démocratique, on se heurte à toutes sortes de difficultés, on est exposé à toutes sortes de mécomptes ou de malfaçons. La compétence manque aux Parlementaires, le temps manque aux Ministres, la souplesse manque aux bureaucrates. Les politiciens - qui sont les derniers idéalistes de ce siècle, déclare froidement M. René Giraud dans son étude intitulée *Vers une internationale économique* - sont presque par définition les hommes les plus incapables de résoudre les problèmes économiques, qui dominent tous les autres. « Nous vivons sous le signe de la machine, note de son côté l'auteur de *L'État moderne*, M. Charles Albert. Mais politiquement nous ne nous sommes pas encore assimilés à la machine. Elle est dans nos ateliers, dans nos usines, sur nos routes et jusque dans la demeure de nos paysans. Mais elle n'est pas encore dans nos lois ». Trop de discours, trop de luttes de partis, trop de mots, trop de respect pour les doctrines, en même temps que trop de concessions aux appétits électoraux. Les collaborateurs de la *Bibliothèque syndicaliste* refont à l'envi ce noir tableau, bien propre à justifier le programme de jeunesse que s'étaient assigné, nous dit-on, M. Paul-Boncour, M. de Monzie, M. Henry de Jouvenel : « Moderniser la France en syndicalisant la République ».

Un des grands arguments communs aux réformateurs syndicalistes, c'est donc cette constatation : impuissance de l'État devant les problèmes économiques. - On en veut aujourd'hui à l'État, remarque M. Pierre Lœwel dans *Inventaire 1931*, beaucoup plus de son impuissance que de sa tyrannie. - Mais un autre fait leur paraît mériter d'être mis en relief, qui fournit un argument supplémentaire. Et c'est, en face de l'État impuissant, la puissance croissante des forces qui s'organisent pour le service de la vie économique. « Ce n'est plus dans les assemblées et dans les conseils de la nation, nous assure-t-on, que se décident les affaires de la nation. C'est au Comité des Forges, au Conseil d'administration du Creusot, au Consortium des grandes banques, à l'Union des intérêts économiques ou à la Fédération des Chambres de Commerce ». Que l'on considère d'ailleurs, à l'autre bout de la ligne de bataille, la puissance des syndicats : syndicats de fonctionnaires, syndicats ouvriers imposant une augmentation, s'opposant à une réduction des salaires ou des appointements, faisant marcher Ministre et Parlement à la baguette ; on s'aperçoit que l'État n'est plus guère qu'une façade. Pour citer M. de Jouvenel encore « Tout s'organise contre l'État qui devrait présider à l'organisation de tout ».

Nouvelle raison pour essayer de «décongestionner » l'État républicain, pour l'inviter à déléguer le plus possible de ses fonctions à des services compétents et relativement autonomes, à accepter en-

Célestin Bouglé

fin cette marge de décentralisation professionnelle sans laquelle il n'est plus aujourd'hui de salut. Ce n'est pas seulement la prospérité de la nation, c'est la vitalité de l'État qui est à ce prix. Si l'on veut qu'il contrôle mieux, il importe qu'il agisse moins par lui-même. En tout cas, il est temps qu'il assigne des tâches et en même temps pose des limites aux forces économiques qui se sont spontanément constituées au sein, de ce que Hegel appelait la société civile : qu'il les admette, qu'il les incorpore, qu'il les intègre - sous peine d'être écrasé par elles.

*

* *

L'une des institutions sur lesquelles comptent le plus les syndicalistes pour commencer cette régénération de l'État, c'est naturellement le Conseil National économique - que beaucoup voudraient d'ailleurs plus largement recruté, et doté d'attributions plus étendues qu'il ne l'est aujourd'hui. Mettant en présence, à côté des représentants des administrations publiques, des représentants de diverses catégories de producteurs, des représentants aussi de la masse des consommateurs, il lui appartiendrait de réconcilier la production et la politique. Il serait cet organe de liaison par lequel la France politique pourrait transmettre à la France économique, quand il le faudrait, une consigne de salut public, et par lequel la France économique ferait connaître à la France politique ses idées, ses projets, ses besoins.

Mais jusqu'où étendre les attributions d'un pareil conseil ? En faudra-t-il faire un véritable Parlement professionnel ? Que diront alors ceux qui ne veulent pas laisser tomber en déshérence la souveraineté du Parlement politique ? Et d'autre part, les forces économiques que l'on s'efforce d'intégrer se laisseront-elles faire ? Ne craindront-elles pas la domestication ? L'élan que nous décrivons risquerait donc de se heurter à deux résistances : l'une venant du côté de la « démocratie », l'autre venant du côté du « syndicalisme ».

Il ne semble pas que l'idée d'un Parlement professionnel doté d'un pouvoir de décision se fasse aisément accepter de l'opinion

Conclusion

française. Vainement lui remontrera-t-on qu'une nation est un organisme. Les éléments constituants de la Société n'étant pas les individus-atomes ; les organes façonnés pour et par la vie économique sont aussi les véritables organes représentatifs. On doit donc tenir compte surtout des tendances qu'ils expriment. De telles conceptions trouveraient peut-être plus facilement audience en Allemagne, l'Allemagne depuis Hegel étant habituée à l'organicisme. Et s'il faut en croire M. Vermeil, elle aurait toutes les peines du monde à s'en dépouiller pour reconnaître le bien-fondé du système démocratique qui fait voter les individus *viritim*, comme disait Proudhon, chacun comptant pour un et ne comptant que pour un. La tradition est tout autre en France. Non que l'on y méconnaisse, à l'heure actuelle, la justesse des critiques adressées par le syndicalisme au parlementarisme : loin de là. On accueille ces critiques avec une sorte de reconnaissance. Et ceux qui prétendent démontrer que, depuis la guerre comme pendant la guerre, les Chambres ont pris les initiatives les plus utiles, ont une dure pente à remonter. Est-ce une raison suffisante pour inciter le Parlement à abdiquer devant des conseils de professionnels ou d'experts ? D'abord, on ne voit pas clairement comment fonctionnerait le système. On n'est pas sûr que dans ces assemblées délibérantes d'un type nouveau toutes les catégories économiques seraient équitablement représentées. Comment fixer d'ailleurs sans arbitraire le nombre de voix dont chacune pourrait disposer lorsque viendrait l'heure des décisions, exigeant la formation d'une majorité ? Et enfin et surtout ne serait-il pas toujours à craindre que chacun des groupements professionnels représentés, cédant à ce que Jaurès appelait l'avidité corporative, ne votât normalement selon ses intérêts propres plutôt que selon l'intérêt général ? Pour que les solutions conformes à l'intérêt général se dégagent, il est sans doute plus simple et plus sage de consulter le sentiment des individus, considérés comme citoyens et comme consommateurs, plutôt que divisés en divers cadres de producteurs. Ces raisons gardent du poids dans l'esprit de beaucoup de Français, même attirés par le programme syndicaliste. Et c'est pourquoi, du Conseil National Économique lui-même, ils feraient un organe consultatif, non un organe de décision. Peut-être irait-on jusqu'à demander, pour remédier à 1' « incompétence » parlementaire tant de fois démon-

Célestin Bouglé

trée, que le Conseil, lorsqu'il s'agit de lois économiques et sociales, fût obligatoirement consulté. Mais aller au delà, ce serait porter atteinte à l'institution par laquelle s'exprime, si imparfaitement que ce soit, la souveraineté du peuple. Et l'on ne veut point franchir ce pas. On est prêt à offrir une béquille au Parlement. On ne voudrait pas pour autant lui donner un croc en jambe.

Suivons plutôt, pour nous rendre compte de cet état d'esprit, les mouvements de l'opinion démocratique à l'intérieur d'une Ligue elle-même très représentative celle qui a pris pour mission de défendre la tradition des Droits de l'Homme, et qui réunit, en se maintenant dans la région des principes, un nombre croissant de militants républicains, radicaux ou socialistes. A son dernier Congrès, elle avait pris comme thème de réflexion le Syndicalisme et l'État. Et certes, les membres du Congrès ont accueilli avec faveur les résumés-réquisitoires contre l'inertie parlementaire. Ils ont applaudi à l'argumentation du rapporteur M. Oualid, lorsque celui-ci a montré les améliorations de rendement que l'on pourrait obtenir dans le travail des assemblées, non seulement par une meilleure technique, mais par des appels aux techniciens, et lorsqu'il a cité en exemple les méthodes du Bureau International du Travail. Mais lui-même se gardait de conclure qu'il fallait pour autant débouter les assemblées représentatives élues au suffrage universel. Et le Congrès l'a suivi lorsqu'il a proposé ce début de résolution : « la souveraineté nationale, une, inaliénable et imprescriptible, doit demeurer l'attribut exclusif de la nation tout entière, composée d'individus citoyens d'un État politique : par suite, l'œuvre législative, expression de la volonté nationale, doit être réservée au Parlement, librement élu par le suffrage universel ».

On retrouve ici le vocabulaire, on reconnaît les conceptions de la Révolution française. Les ligueurs démocrates entendent sauvegarder, ils se déclarent toujours prêts à défendre la souveraineté nationale : continuant donc d'estimer que les décisions prises à la majorité, dans une assemblée élue au suffrage universel, restent pour la défense du droit la meilleure des garanties.

Mais dans la suite de la discussion, un autre sentiment s'est fait jour, qui nous ramène plutôt au socialisme et même au socialisme révolutionnaire, et répugne aux intégrations rêvées par les réformateurs syndicalistes. Le rapporteur l'avait fait observer : pour

Conclusion

que le système nouveau soit bien équilibré, pour que les besognes soient rationnellement partagées entre le Parlement proprement dit et le Conseil National Économique, organe des syndicats, il conviendrait que les attributions de ceux-ci fussent clairement définies, leurs droits et devoirs nettement délimités. Ce serait en tout cas le plus sûr moyen de pouvoir dire au syndicalisme : « Jusque-là, mais pas plus loin ». À ce moment de la démonstration, flottement chez les auditeurs : une résistance se dessine. Plusieurs des membres du Congrès, appartenant à des syndicats ouvriers, protestent contre cette incorporation du syndicalisme dans l'État d'aujourd'hui, un peu plus ils auraient dit en effet : contre cette domestication. Le syndicat, à leurs yeux, du moins le syndicat des travailleurs, n'est pas seulement un groupement d'intérêts, c'est une force d'idéalisme. Et s'il obtient le dévouement de ses membres, c'est justement parce qu'il leur fait entrevoir que par leur action, non seulement défensive mais constructive, un monde nouveau se prépare, où régnerait enfin la justice.

En ce sens, observait M. Victor Basch, président de la Ligue, il vaudrait mieux que le syndicalisme ne devînt pas un rouage de l'État ; s'il doit agir sur la confection des lois et leur application, que ce soit plutôt du dehors parallèlement à l'État si l'on veut, mais non pas conjointement. C'est le meilleur moyen pour lui de « conserver toute sa force offensive ».

La dernière parole est révélatrice. On y sent passer, en effet, un souffle révolutionnaire, un esprit de lutte. La principale mission des syndicats, de ce point de vue, ce serait de se dresser constamment en bataille contre le régime politico-économique qui produit ou qui tolère tant d'injustices. Et qu'on ne leur demande pas de voir plus loin, de préciser leur plan pour demain, et pour aujourd'hui leur mode d'action. Il s'agit de foncer, ce mot d'ordre suffit. Nous croyons reconnaître cette conception. N'est-ce pas la même qui a longtemps animé Georges Sorel, auteur des *Réflexions sur la violence*, et ses admirateurs ? L'essentiel à leurs yeux, c'était d'entretenir la flamme de l'héroïsme au cœur des prolétaires, fût-ce à coup de «mythes » comme celui de la grève générale. Utilisant la distinction esquissée par Charles Péguy entre la mystique et la politique, ils laissaient entendre que ce qui leur importait avant tout c'était une mystique, la mystique ouvriériste. Et ils prenaient

Célestin Bouglé

en pitié Jaurès s'efforçant à démontrer qu'il ne fallait pas dédaigner les « raisons de majorité », le producteur ayant toujours à tenir compte de l'électeur.

Les syndicats ouvriers réunis dans la Confédération Générale du Travail penchent-ils aujourd'hui du côté de Jaurès ou du côté de Sorel ? Depuis la guerre, sous l'influence de Léon Jouhaux - lui aussi ami de Proudhon - ils ont revendiqué la primauté pour le travail, et démontré la nécessité d'élargir la place de la technique en matière d'économie sociale. Ce sont leurs leaders qui ont le plus insisté pour la création d'un Conseil National économique. En répétant d'ailleurs qu'ils demandent des nationalisations, mais industrialisées, ils montraient qu'ils seraient les premiers à se défier d'un collectivisme étatiste ; l'omnipotence bureaucratique, trop souvent sœur de l'incompétence, leur fait horreur autant qu'à quiconque. Et c'est justement sur l'action de leurs syndicats qu'ils comptent pour redresser les erreurs et moderniser les méthodes de l'administration. Mais ils font passer au premier plan une notion nouvelle, inédite dans l'histoire du syndicalisme ouvrier, celle de l'intérêt général, dont ils se disent les plus avisés champions. N'est-ce pas ce souci, s'ajoutant à leur expérience de la vie ouvrière, qui les a poussés à rédiger un programme minimum d'action politique, programme auquel les partis de gauche ont été heureux de souscrire ? Le syndicalisme ainsi compris, on le voit, laisse sa part au parlementarisme. Il serait prêt à utiliser, en y ajoutant les annexes nécessaires, l'édifice bâti par la démocratie pour sa sauvegarde.

Combien de temps cet état d'esprit durera-t-il ? Au dernier Congrès de la C. G. T., on a pu constater qu'un certain nombre de syndicalistes, déplorant la scission entre la C. G. T. et la C. G. T. U., celle qui reçoit ses inspirations de Moscou, se demandaient si, en se présentant comme défenseur de l'intérêt général, en se laissant incorporer, en acceptant une place pour ses hommes dans les Conseils mixtes, nationaux ou internationaux, le Syndicalisme n'était pas en train de s'attiédir, de perdre de sa flamme. Jouhaux riposte en montrant combien il est opportun de pratiquer partout, à Paris comme à Genève, la politique de la présence, et qu'elle apporte pour aujourd'hui des résultats appréciables en laissant intactes, pour demain, toutes les espérances ouvrières. Mais on maintient, non sans émouvoir une bonne partie des Congressistes,

Conclusion

qu'accepter des collaborations, c'est glisser aux compromissions, c'est étayer finalement un régime qu'il importerait de renverser. Bref on laisse entendre de toutes les façons que le syndicaliste ouvrier aurait besoin, à nouveau, d'un bain de combativité.

Débats très instructifs, à ce qu'il nous semble ; ils projettent une vive lumière sur les conditions d'une action sociale qui entend transformer fondamentalement les institutions du régime économique. Il y faut de la mystique et il y faut de la technique. De la technique pour organiser rationnellement, par exemple, les rapports entre les catégories de producteurs, ou entre producteurs et consommateurs, et obtenir de l'usine transformée le rendement optimum. De la mystique pour fournir l'eau du torrent à la roue du moulin, pour mobiliser les forces morales indispensables au succès de l'opération. Entre ces deux pôles, la Technique et la Mystique, le sentiment des intéressés oscille, se portant selon les moments, selon les crises traversées, selon les résultats enregistrés, tantôt d'un côté et tantôt de l'autre.

Mais au total, impossible de se passer soit de l'un, soit de l'autre de ces appoints, si l'on veut en effet faire vivre une démocratie industrielle.

Les doctrines que nous avons résumées offrent, nous l'avons vu, de quoi alimenter et le besoin d'idéal et le besoin de « réalisations ». Elles abritent d'ailleurs des tendances qui sur certains points se coordonnent et se complètent, sur d'autres se limitent et se font contrepoids. Les choix de l'opinion française ou plutôt des opinions françaises, devant cet éventail de possibilités, dépendront surtout des circonstances que nous allons traverser, des expériences que nous allons mener ou subir. Si, par exemple, l'organisation par en haut - celle où commandent les banquiers et capitaines d'industrie chers aux Saint-Simoniens - se montre incapable de porter remède au désordre d'après-guerre, d'arrêter l'extension du chômage si redoutable aux ouvriers, d'empêcher les méventes qui ruinent les paysans, d'enrayer la vie chère, cauchemar du petit consommateur, la mystique révolutionnaire gagnera. Inversement, si les adversaires du régime économique actuel prenaient le pouvoir, d'une façon ou d'une autre, sans obtenir par leurs décisions des effets manifestement utiles, et utiles à la masse de la nation, aux consommateurs aussi bien qu'aux producteurs ouvriers, si leurs

Célestin Bouglé

lois et décrets devaient avoir pour premier résultat d'accroître le désordre économique, alors on reverrait peut-être une réaction politique : en tout cas on appellerait la technique au secours, en lui demandant de « transformer la gare sans arrêter le trafic ». Ce qui revient à rappeler que l'État, même sous la pression des masses en colère, risque de n'aboutir à rien de viable en matière économique et sociale si, dans les coopératives, filles de Fourier, ou dans les fédérations ouvrières et paysannes que rêvait Proudhon, ne se forme le personnel de techniciens expérimentés dont, plus que tout autre régime, une démocratie industrielle aurait besoin.

Conclusion

Bibliographie

Les livres que nous avons utilisés en préparant notre travail et que nous citons dans cette bibliographie sont pour la plupart rassemblés au Centre de Documentation sociale installé à l'École Normale Supérieure, et dont les ressources nous ont été très précieuses. Le personnel du Centre nous a d'ailleurs été d'un grand secours : nous devons des remerciements particuliers à Madame Poré et à Monsieur Maurice Le Lannou.

I. - Le XVIIIème siècle et le socialisme.

G. ADLER : *Geschichte des Sozialismus und Kommunismus bis 1789.* Leipzig, Hirschfeld, 1899, in-8°, x-281 p. - BALDENS-PERGER, BEAULAVON, BENRUBI, BOUGLÉ, etc.: *J.-J. Rousseau.* Ch. VII : *Rousseau et le socialisme*, par C. BOUGLÉ. Paris, Alcan, 1912, in-8°, p. 171 à 186.- L. CAHEN : *L'idée de lutte de classes au* XVIIIème *siècle.* Revue de Synthèse historique, 1906, t. XII, p. 214 et suiv. - J. CHARMONT : *La renaissance du droit naturel.* Montpellier, Coulet, 1910, in-8°, 218 p. - A. CRESSON : *Les grands courants de la pensée philosophique en France.* Paris, A. Colin, 1927, 2 vol in-12, 208 et 210 p. - L. DUCROS : *Les Encyclopédistes.* Paris, Champion, 1900, in-8°, viii-376 p. - A. ESPINAS : *La philosophie sociale au* XVIIIème *siècle et la Révolution.* Paris, Alcan, 1898, in-8°, 412 p. - A. LICHTENBERGER : *Le socialisme au* XVIIIème *siècle.* Paris, Alcan, 1895, in-8°, viii-470 p. - P. MANTOUX : *La révolution industrielle au XVIIIe siècle.* Paris. Cornely, 1906, in-8°, 544 p. - H. MICHEL : *L'idée de l'État.* Paris, Hachette, 1896, in-8°, xi-655 p. - D. MORNET : *La pensée française au XVIIIe siècle.* Paris, A. Colin, 1926, in-12, 215 p. -R. PICARD :*L'idée de lutte des classes au XVIIIe siècle.* Rev. d'Écon. politique, t. V, 1891, p. 628 et ss.- M. ROUSTAN : *Les philosophes et la société française au* XVIIIème *siècle.* Lyon, Rey ; Paris, Picard ; 1906, in-8°, 455 p. - H. SÉE : *La vie économique et les classes sociales en France au XVIIIe siècle.* Paris, Alcan, 1924, in-8°, 231 p. - *La France économique et sociale au XVIIIe siècle.* Paris, A. Colin, 1925, in-12, 188 p.

II. - Physiocrates et ruraux.

M. AUGÉ-LARIBÉ : *Grande et petite propriété*, Montpellier, Coulet, 1902, 217 p. - *Le problème agraire du socialisme. La viticulture industrielle du Midi de la France.* Paris, Giard et Brière, 1907, in-8°, 356 p. - *L'évolution de la France agricole.* Paris, A. Colin 1912, in-12, xvii-300 p. - Le paysan français après la guerre. Paris, Garnier, 1923, in-8°, 292 p. -*Syndicats et coopératives agricoles.* Paris, A. Colin, 1926, in-12, 205 p. - COMPÈRE-MOREL : *La question agraire et le socialisme en France.* Paris, Rivière, 1912, in-8°, 172 p. - H. DENIS : *Histoire des systèmes économiques et socialistes.* Paris, Giard et Brière, 1904, 2 vol. in-8°, 365-560 p. - GIDE ET RIST : *Histoire des doctrines économiques.* Livre I, chap. I. Paris, Sirey, 5e éd., 1926, in-8°, 814 p. - J. MÉLINE : *Le salut par la terre et le programme économique de l'avenir.* Paris, Hachette, 1919, in-8°, 270 p. -A. ONCKEN : *Geschichte der Nationalökonomie.* 1er Teil : Die Zeit vor Adam Smith. Leipzig, Hirschfeld, 1902, in-8°, 516 p. - E. RICHNER : *Le Mercier de la Rivière. Ein Führer der physiokratischen Bewegung in Frankreich.* Zurich, Girsberger, 1931, in-8°, xx-288 p. - TRUCHY : *Le libéralisme économique dans les oeuvres de Quesnay.* Rev. d'Écon. politique, 1889. - G. WEULERSSE : *Le mouvement physiocratique en France (de 1756 à 1770).* Thèse. Paris, Alcan, 1910, xxxiv-784 p. - *Les physiocrates.* Paris, Doin, 1931, in-12, xvi-321 p.

III. - La Révolution française et le socialisme.

ADVIELLE : *Histoire de Gracchus Babeuf et du Babouvisme.* Paris, 1884, 2 vol. in-8°, xiv-543 et 319 p. - A. AULARD : *La Révolution française et le régime féodal.* Paris, Alcan, 1919, in-8°, iv-283 p. - *Histoire politique de la Révolution française.* Paris, Colin, in-8°, 804 p. - F. BUISSON : *Condorcet.* Paris, Alcan, 1929, in-12, 137 p. - PH. BUONARROTI : *Histoire de la conspiration pour l'égalité dite de Babeuf.* Paris, Le Chevalier, 1869, in-

12, xii-209 p. - L. CAHEN : *Condorcet et la Révolution française.* Paris, Alcan, 1904, in-8°, xxxi592 p. - E. CHAMPION : *Esprit de la Révolution française.* Paris, A. Colin, 1887, in-12, 300 p. - *La France d'après les Cahiers de 1789.* Paris, A. Colin, 1897, in-8-,257 p. - G. DAVY : *Le droit, l'idéalisme et l'expérience.* Paris, Alcan, 1922, in-12, 165 p. - M. DOMMANGET : *Babeuf et la conjuration des Égaux.* Paris, Libr. de l'Humanité, 1922, in-12, 102 p. - E. FAGUET, A. LICHTENBERGER, M. WOLFF, PH. SAGNAC, L. CAHEN et LEVY-SCHNEIDER : *L'œuvre sociale de la Révolution française.* Paris, Fontemoing, s.d., in-80,460 p. - M. JAFFÉ : *Le mouvement ouvrier à Paris pendant la Révolution française, 1789-1791.* Paris, Pr. Univ., 1924, in-8°, 207 p. - J. JAURÈS : *Histoire socialiste de la Révolution française.* Paris, Libr. de l'Humanité, 1923-1924, 8 vol. in-8° de 400 à 450 p. - K. KAUTSKY : *La lutte des classes en France en 1789.* Paris, Jacques, 1901, in-18, 130 p. - E. LAVISSE : *Histoire de France contemporaine.* Paris, Hachette, s. d., in-8°. – I. SAGNAC : *La Révolution (1789-1792),* 436 p. II. PARISET: *La Révolution (1792-1799),* 433 p. - G. LEFEBVRE : *Les recherches relatives à la répartition de la propriété et de l'exploitation foncières, à la fin de l'ancien régime ;* et *Les études relatives à la vente des Biens Nationaux.* Rev. d'Hist. moderne, 1928, p. 103-130 et 188-219. - *La place de la Révolution dans l'histoire agraire de la France.* Ann. d'Hist. écon. et soc., t. I, 1929, p. 506-523. - LEFEBVRE-SA-GNAC-GUYOT : *La Révolution française.* Paris, Alcan, 1930, in-8°, 577 p.- A. LICHTENBERGER : *Le socialisme et la Révolution française.* Paris, Alcan, 1899, in-8°, 307 p. - P. LOUIS : *Histoire du socialisme en France depuis la Révolution jusqu'à nos jours.* Paris, Rivière, 1925, in-80, 408 p. - A. MATHIEZ : *La Révolution française.* Paris, A. Colin, 1922-1927, 3 vol. in-12. - *La vie chère et le mouvement social sous la Terreur.* Paris, Payot, 1927, in-8°, 613 p. - *La réaction thermidorienne.* Paris, A. Colin, 1929, in-8°, 324 p. - G. MORIN : *La révolte des faits contre le code.* Paris, Grasset, 1920, in-8°, xv-249 p. - G. PERREUX : *La propagande républicaine au début de la monarchie de juillet.* Paris, Hachette, 1930, in-12, xLII-392 p. - ROGER PICARD : *Les cahiers de 1789 et les classes ouvrières.* Paris, Rivière, 1910, 276 p. - P. ROBIQUET : *Buonarroti et la secte des Égaux.* Paris,

Célestin Bouglé

Hachette, 1910, in-12, vi-328 p. - G. SENCIER : *Le babouvisme après Babeuf.* Paris, Rivière, 1912, in-8°, 348 p. - A. THOMAS : *Gr. Babeuf. La doctrine des Égaux.* Paris, Cornély, 1909, in-12, 96 p.

IV. - Les systèmes socialistes en général.

CH. ANDLER : *Le manifeste communiste.* Paris, Rieder, 1902, in-12, 209 p.- C. BOUGLÉ : *Chez les prophètes socialistes.* Paris, Alcan, 1918, in-12, 246 p. - H. BOURGIN : *Les systèmes socialistes.* Paris, Doin, 1923, in-12, xvi-417 p. - G. et H. BOURGIN : *Le socialisme français de 1789 à 1848.* Paris, Hachette, 1912, in-12, 109 p. - M. BOURGUIN *Les systèmes socialistes et l'évolution économique.* Paris, A. Colin, 1904, in-8°, x-519 p. - J. DELEVSKY : *Les antinomies socialistes et l'évolution du socialisme français.* Paris, Giard,1930, in-S°, 524 p. - J.-C. DEMARQUETTE : *Les idées de Sismondi.* Paris, « Le Trait d'union », 1930, in-12,180 p.- E. DURKHEIM : Le socialisme, sa définition, ses débuts. La doctrine saint-simonienne. Paris, Alcan, 1928, in-8°, xi-352 p.- F. ENGELS : *Socialisme utopique et socialisme scientifique* (Trad. Lafargue). Paris, Jacques, 1902, in-8°, 35 p. - E. FOURNIÈRE : *Les théories socialistes au XIXème siècle, de Babeuf à Proudhon.* Paris, Alcan,1904, in-8°, xxxi-415 p. - GIDE ET RIST : *Histoire des doctrines économiques depuis les Physiocrates jusqu'à nos jours.* Paris, 1909, in-8°, 2 vol.- KARL GRÜN : *Die soziale Bewegung in Frankreich und Belgien.* Darmstadt,1845.- J. GUIL- LAUME : *L'Internationale. Documents et souvenirs.* Paris, Soc. nouv. , 1905-10, 4 vol., in-8°.- G. GURVITCH : *L'idée du droit social. Notion et système du droit social. Histoire doctrinale depuis le XVII° siècle jusqu'à la fin du XIXème siècle.* Paris, Sirey, 1931, in-8°, 710 p. - G. ISAMBERT : *Les idées socialistes en France de 1815 à 1848.* Paris, Alcan, 1905, in-8°, 426 p.- P. KELLER : *Louis Blanc und die Revolution von 1848.* (Coll. Saitzew). Zurich, Girsberger, 1926, in-8°, xiv-232 p. - H. LOUVANCOUR : *De Henri de Saint-Simon à Charles Fourier.* Paris, thèse, 1913, in-8°, 452 p. - A. MERGER : *Le droit au produit intégral du travail.* (Trad. Bonnet). Paris, Giard, 1900, in-12, xL-244 p. - J. PRUDHOMMEAUX : *Icarie et son fondateur Étienne Cabet.* Paris, Cornély, 1907, in-8°, xL-664 p. - J.-

L. PUECH : *La vie et l'œuvre de Flora Tristan*. Paris, Rivière, 1925, in-8°, III-514 p. - *La tradition socialiste en France et la Société des Nations*. Paris, Rivière, 1921, in-12, x-228 p. - L. REYBAUD : *Études sur les réformateurs, ou socialistes modernes*. Paris, Guillaume, 7° éd.,1864, 2 vol. in-12, 472 et 456 p. - G. RICHARD : *La question sociale et le mouvement philosophique au XIXème siècle*. Paris, A. Colin, 1914, in-12, xii-363 p. - W. SOMBART : *Le socialisme et le mouvement social au XIXème siècle*. Paris, Giard et Brière, 1898, in-16, 187 p. - L. VON STEIN : *Der Socialismus and Communismus des heutigen Frankreichs*. Leipzig, 1842, in-8°, x-475 p.: 2e éd. 1848, in-8°, xvi-590 p. - G. WEILL : *Histoire du mouvement social en France 1852-1924*. Paris, Alcan, 3° éd., 1924, in-8°, 490 p.

V. - Le Saint-Simonisme.

H. R. D'ALLEMAGNE : *Les Saint-Simoniens, 1827-1837*. Paris, Gründ,1930, in-4°, 442 p. - C. BOUGLÉ et E. HALÉVY : *Doctrine de Saint-Simon*. Nouv. éd. Paris, Rivière,1924, in-8°, 501 p. - M. BOURBONNAIS : *Le Néo-Saint-Simonisme et la vie sociale d'aujourd'hui*. Paris, Pr. Univ.,1923, in-8°, 126 p. - G. BRUNET : *Le mysticisme social de Saint-Simon*. Paris, Pr. franç., 1925, in-12, 125 p.-E.-M. BUTLER: *The Saint-Simonian Religion in Germany*. Cambridge-Univ. Press, 1926, in-8°, 446 p.- HIPPOLYTE CARNOT : *Sur le Saint-Simonisme*. Séances et travaux de l'Académie des Sciences morales, 1887. - S. CHARLÉTY : *Essai sur l'histoire du Saint-Simonisme*. Ire éd., Paris, Hachette, 1896, in-8°, 498 p. 2e éd., Paris, Hartmann, 1930, in-8°, 379 p. - *Enfantin. Textes choisis précédés d'une introduction*. Paris, Alcan, 1930, in-8°, 108 p. - G. DUMAS : *Psychologie de deux messies positivistes : A. Comte et Saint-Simon*. Paris, Alcan, 1905, in-8°, 314 p. - G. ECKSTEIN : *Der alte und der neue Saint-Simonismus*. Archiv fur die Geschichte des Sozialismus and der Arbeiterbewegung, t. II, 1912, p. 425-441. - G. GIGNOUX : *L'industrialisme, de Saint-Simon à Walther Rathenau*. Revue d'histoire des Doctrines économiques et sociales, Paris, 1923. - GOTTFRIED SALOMON : *Saint-Simon und der Sozialismus. Wege zum Sozialismus*. Berlin, 1919. - MAXIME LEROY : *Le socialisme des producteurs . « Henri de Saint-Simon »*. Paris, Rivière, 1924, in-12, 188 p. - *La*

vie du Comte de Saint-Simon. Paris, Grasset, 1925, in-12, 336 p.
- F. MUCKLE : *Henri de Saint-Simon, die Persönlichkeit und das
Werk*. Iéna, Fischer, 1908, in-8°, iv-384 p.- A. PÉREIRE : *Autour
de Saint-Simon*. Paris, Champion,1912, in-12, xii-221 p. - *Écrits
de Isaac et Émile Pereire*, publiés par GUSTAVE PEREIRE, 27
volumes en VIII Tomes. Paris, Libr. et imp. réunies, 1900-1905,
in-4°. - PLENGE : *Die erste Gründung und Geschichte des Cre-
dit Mobilier*. Tübingen, 1911, in-8°, 184 p.-W. SPUHLER : *Der
SaintSimonismus. Lehre and Leben, von Saint-Amand Bazard*,
Zürcher Volkswirtschaftliche Forschungen, 1926. - Mme THI-
BERT : *Le rôle social de l'Art d'après les Saint-Simoniens*. Paris,
Rivière, 1926, in-8°, 73 p. - VERGEOT : *Le crédit comme stimu-
lant et régulateur de l'industrie; la conception saint-simonienne*.
Paris, Jouve, 1918, in-8°, 300 p. - M. WALLON : *Les Saint Simo-
niens et les chemins de fer*. Paris, Pedone, 1908, in-8°,171 p. - G.
WEILL : *Un précurseur du socialisme. Saint-Simon et son œuvre*.
Paris, Perrin, 1894, in-12, x-247 p. - *L'école Saint-Simonienne*.
Paris, Alcan, 1896, in-16, 319 p. - E. DE WITT : *Saint-Simon et
le système industriel*. Paris, thèse, 1902, in-8°, 187 p. - LE PRO-
DUCTEUR. Ire année, 1920. N° spécial consacré au *Crédit intel-
lectuel* (Tome V, août-septembre 1921). - REVUE D'HISTOIRE
ÉCONOMIQUE ET SOCIALE. N° spécial consacré à *Saint-Si-
mon*, 1925.

VI. - Le Fouriérisme.

H. BOURGIN : *Fourier, contribution à l'étude du socialisme
français*. Paris, Bellais, 1905, in-8°, 608 p. - *Victor Considérant*,
Lyon, Impr. réunies, 1909, in-8°, 126 p. - E. DESSIGNOLE : *Le
féminisme d'après la doctrine sociale de Charles Fourier*. Lyon,
Stock, 1903, in-8°, 148 p.- M. DOMMANGET : *Victor Considérant*. Paris, Éd. sec. intern., 1929, in-8°, 218 p. - M. FRIED-
BERG : *L'influence de Charles Fourier sur le mouvement social
contemporain en France*. Paris, Giard, 1926, in-8°, 174 p. - J.
GAUMONT : *Histoire abrégée de la coopération en France et à
l'étranger*. Paris, Rieder, 1921, in-12, 194 p. - *Histoire générale de
la coopération en France*. Paris, Féd. nat. des coop. de consom.,
1923, 2 vol., in-8°. *I. Précurseurs et prémices*, 630 p. ; *II. Formation et développement de l'Institution coopérative moderne*, 735

p. - CH. GIDE : *Fourier, précurseur de la coopération*. Paris, Assoc. pour l'enseignement de la coopération, 1922-1923, 203 p. - *Cours professé au Collège de France sur la coopération*. Paris, Assoc. pour l'ens. de la coop., 1922-1924. - *Les sociétés coopératives de consommation*. Paris, Sirey, 4° éd., 1924, in-12, xiv-338 p. - *Les colonies communistes et coopératives*. Paris, Assoc. pour l'ens. de la coop., 1927-1928, in-12, 288 p. - M. LANSAC : *Les conceptions méthodologiques et sociales de Charles Fourier, leur influence*. Paris, Vrin, 1926, in-8°, 134 p. - B. LAVERGNE : *Les coopératives de consommation en France*. Paris, A. Colin, 1923, in-12, 210 p. - *L'ordre coopératif*. T. I. Paris, Alcan, 1926, in-8°, xii-601 p. - E. POISSON : *La république coopérative*. Paris, Grasset, 1920, in-12, 256 p. - *Socialisme et coopération*. Paris, Rieder, in-12,1922,126 p.- Mme THIBERT : *Le féminisme dans le socialisme français*. Thèse, Paris, 1920 in-8°.

VII. - Le Proudhonisme.

Proudhon et notre temps. GUY-GRAND, PIROU, PUECH, etc. Paris, Chiron, 1920, .in-16, xv-255 p. - P. ARMAND : *P.-J. Proudhon et le Fouriérisme*. Paris, Rivière, 1929, in-8°, 61 p. - M. AUCUY : *Les systèmes socialistes d'échange*. Paris, Alean, 1908, in-12, viii-366 p. - ED. BERTH : *Guerre des États ou guerre des classes*. Paris, Rivière, 1924, in-12, 437 p. - A. BERTHOD : *P.-J. Proudhon et la propriété*. Paris, Giard et Brière, 1910, in-12, 227 p. - *Introduction à l'*Idée générale de la Révolution au XIXème siècle. Paris, 1924, Rivière, 462 p. in-8°. - BERTHOD et GUY-GRAND : *Proudhon et l'enseignement du peuple*. Paris, Chiron, 1920, in-8°, 28 p. - C. BOUGLÉ : *La sociologie de Proudhon*. Paris, A. Colin, 1911, in-12, 333 p. - *Proudhon*. Paris, Alcan, 1930, in-8°, 153 p. - N. BOURGEOIS : *Les théories du Droit international chez Proudhon. Le fédéralisme et la paix*. Paris, Rivière, 1927, in-8°, 136 p. - H. BOURGIN : *Proudhon*. Paris, Bibl. socialiste, 1901, in-12, 96 p. - P. DESJARDINS : *P.-J. Proudhon*. Paris, 1896, 2 vol. in-16, 279-297 p. - K. DIEHL : *P.-J. Proudhon*. Iena, Fischer, 1888-1896, 3 vol., vii-126 ; Ix-388 ; vi-239 p. - L. DIMIER : *Les maîtres de la contre-révolution au XIXème siècle*. Paris, Nouv. Libr. Nat., 1907, in-12, 357 p. - J. DUPRAT : *Proudhon sociologue et moraliste*. Paris, Alcan, 1929, in-8°, 311 p. - R.

LABRY : *Herzen et Proudhon*. Paris, Bossard, 1928, in-8°, 244 p.
- PILLON : *La morale indépendante et le principe de dignité*. Paris, Baillière, 1868. - G. PIROU : *Proudhonisme et syndicalisme révolutionnaire*. Paris, Rousseau, 1910, in-8°, xx-422 p. - J.-L. PUECH : *Le proudhonisme dans l'Association internationale des travailleurs*. Paris, Alcan, 1907, in-8°, xix-268 p. - G. SÉAILLES : *Proudhon moraliste*. Paris, Chiron, 1922, brochure 30 p. - G. SOREL : *Essai sur la philosophie de Proudhon*. (Dans Rev. philos., 189g, t. XXXIII, p. 622 et s. ; t. XXXIV, p. 41 et s.).

VIII. - Programmes et doctrines des partis politiques en général.

CH. BENOIST : *Les lois de la politique française*. Paris, Fayard 1928, in-12, 309 p. - BOURGIN, CARRÈRE, GUÉRIN : *Manuel des, partis politiques en France*. Paris, Rieder, 1928, in-12. - C. BBOUILHET : *Le conflit des doctrines dans l'économie politique contemporaine*. Paris, Alcan, 1910, in-12, viii-297 p. - F. CORCOS : *Catéchisme des partis politiques*. Paris, Editions Montaigne, 1928, in-8°, 298 . - L. DUGUIT : *Le droit individuel, le droit social et la transformation de l'État*. Paris, Alcan, 1922, in-16, 160 p. - FELS (COMTE DE) : *La Révolution en marche*. 10e éd., Paris, A. Fayard, 1925, in-12, 251 p. - G. GUY-GRAND : *La démocratie et l'après-guerre*. Paris, Carnier, s. d., in-12, 275 p. - *Le conflit des idées dans la France d'aujourd'hui*. Paris, Rivière, 1921, in-12, 268 p. - *L'avenir de la démocratie*. Paris, Rivière, 1928, in-12, viii-214 p. - D. HALÉVY : *Décadence de la liberté*. Paris, Grasset, 1931, in 12, 243 p. - D. PARODI : *Traditionalisme et démocratie*. Paris, Colin, 2e éd., 1924, 111-324 p. - G. PIROU : *Doctrines sociales et science économique*. Paris, Recueil Sirey, 1929, in-8°, 202 p. - *Les doctrines économiques en France depuis 1870*. Paris., A. Colin, 1930, in-12, 2e éd., 205 p. - A. FRANÇOIS-PONCET : *Réflexions d'un républicain moderne*. Paris, Grasset, 1925, in-12, 135 p.- L. ROMIER : *Explication de notre temps*. Paris, Grasset, 1925, in-12, 286 p. - A. SIEGFRIED : *Tableau politique de la France de l'Ouest sous la Troisième République*. Paris, A. Colin, 1913, in-8°, xxviii528 p.-- *Tableau des partis en France*. Paris, Grasset, 1930, in-12, 240 p. - G. WEILL : *Histoire du parti républicain en France, 1814-1870*. Paris, Alcan, 1900, in-8°, 582 p. -- AUGÉLARIBÉ, A. BERTHOD, E.

BOREL, C. BOUGLÉ, ED. DALADIER, A. DEMANGEON, G.
DuUMAS, ÉD. HERRIOT, G. JÉZE, LÉVY-BRUHL, P. PAIN-
LEVÉ, CH. RIST, CH. SEIGNOBOS, G. SCELLE : *La politique
républicaine*. Paris, Alcan, 1924, in-12, viii-586 p. - L'ANNÉE
POLITIQUE FRANÇAISE ET ÉTRANGÈRE. Mémoires, Chro-
niques, Bibliographie critique. Paris, Gamber. - L'EUROPE
NOUVELLE. Editeur: Louise Weiss, 15e année, 1932.

IX. - Radicalisme.

ALAIN : *Éléments d'une doctrine radicale*. Paris, Gallimard,
1925, in-12, 312 p. - LÉON BOURGEOIS : *Solidarité*. Paris, A.
Colin, 1902, in-12, 253 p. - C. BOUGLÉ : *Le solidarisme*. Paris, Giard, 1924, 2° éd., in-12, 204 p. - F. BUISSON : *La politique radicale*. Paris, Giard et Brière, 1908, in-12°, vii-451 p. - M.
CHARNY : *Les atouts du cléricalisme*. Paris, Éditions du Progrès
civique, s. d, in-12, xiv-307 p. - A. CHARPENTIER : *Le parti radical et radical-socialiste à travers ses congrès (1901-1911)*. Paris, Giard et Brière,1913, in-12, 457 p. É. HERRIOT : *Pourquoi
je suis radical-socialiste*. Paris, Les Éditions de France, 1928, in-
12, 181 p. - G. MAURICE : *Le parti radical*. Paris. Rivière, 1929,
in-8°, vI-220 p.- G. WEILL : *Histoire de l'idée laïque en France
au* XIXème *siècle*. Paris, Alcan, 1925, in-8°, 361 p.

X. - Socialisme et communisme.

A. AFTALION : *Les fondements du socialisme. Étude critique*.
Paris, Rivière, 1923, in-8°, x-306 p.- CH. ANDLER: *La civilisation socialiste*. Paris, Rivière, 1912, in-12, 52 p. - ED. BERTH
: *Dialogues socialistes*. Paris, Rivière, 1901, in-12, 319 p. - *Les
nouveaux aspects dit socialisme*. Paris, Rivière, 1908, in-12, 64
p. - L. BLUM : *Les congrès ouvriers et socialistes français*. Paris, Bellais, 1901, 2 vol. in-12. - *Les problèmes de la paix*. Paris, Stock, 1931, in-12, viii-213 p. - BOUKHARINE : *ABC du
Communisme*. Paris, Libr. de l'Humanité. 1925, in-12, 171 p. -
M. DÉAT : *Perspectives socialistes*. Paris, Valois, 1930, in-8°,
246 p. - JULES GUESDE : *Le socialisme au jour le jour*. Paris,
Giard, 1899, in-18, 488 p. - *État, politique et morale de classe*.
Paris, Giard et Brière, 1901, in-16, viii-466 p. - J. JAURÉS : *L'ac-*

tion socialiste. Paris, Bellais, 1899, in-12, vii-558 p. - *L'armée nouvelle*, Paris, Rouff, s.d., in-12, 685 p. - *Études socialistes*. Paris, Cahiers de la quinzaine, 1902, in-8°, Lxxin-274 p. – *Œuvres* (publiées par MAX BONNAFOUS). Paris, Rieder, 1931, in-8°, 3 vol. parus. - H. LAGARDELLE : *Le socialisme ouvrier*. Paris, Giard, 1902, in-18, 424 p. - *La grève générale et le socialisme*. Paris, Cornély, 1905, in-12, 423 p. - E. LÉVY :*La vision socialiste du Droit*. Paris, Giard, 1926,in-12, xvi-179 p. - B. MALON : *Le socialisme intégral, 1892-1894*, Paris, Alcan, 1894, 2 vol. in-8°, 469 et 462 p. - A. MENCER : *L'État socialiste* (trad. E. Michaud). Paris, Bellais, 1904, in-12, XLV-374 p. - A. MILLERAND : *Le socialisme réformiste français*. Paris, Cornély, 1903, in-16, 121 p. - M. RALÉA : *Révolution et socialisme. Essai de bibliographie*. Paris, Pr. Univ., 1923, in-8°, 80 p. - *L'idée de révolution dans les doctrines socialistes*. Paris, Rivière, 1923, in-8°, vi-398 p. - G. RENARD : *Le régime socialiste*. Paris, Alcan, 1898, in-12, 186 p. - G. SOREL : *La décomposition du marxisme*. Paris, Rivière, 1908,.in-16, 64 p. - E. VANDERVELDE : *Le socialisme contre l'État*. Paris, BergerLevrault, 1918, in-12,174 p. - *Jaurès*. Paris, Alcan, 1929, in-16, 150 p.

XI. – Syndicalisme et mouvement ouvrier.

CH. ALBERT : *L'État moderne*. (Bibliothèque syndicaliste). Paris, Valois, 1929, in-12, 189 p. - CH. ANDLER : *L'Humanisme travailliste*. Paris, Bibliot. de la « Civilisation française », 1927, in-12, 144 p. - ED. BERTH . *Les méfaits des intellectuels*. Paris, Rivière, 1914, in-16, xxxviii-335 p.-C. BOUGLÉ : *Syndicalisme et démocratie*. Paris, Cornély, 1908, in-12, viii-225 p. - E. CAZALIS : *Syndicalisme ouvrier et évolution sociale*. Paris, Rivière, 1925, in-16, xxxvi-324 p. -- F. CHALLAYE : *Syndicalisme révolutionnaire et syndicalisme réformiste*. Paris, Alcan, 1909, in-12, 154 p. P. DOMINIQUE : *La Révolution créatrice*. Paris, Valois, 1929, in-12, 215 p.- H. DUBREUIL : *La République industrielle*. Paris, Bibl. d'éduc., s. d., in-12, 315 p. - A. FOURGEAUD : *Du code individualiste au droit syndical*. Paris, Valois, 1929, in-12, 188 p. - R. FRANCQ : *Le travail au pouvoir*. Paris, Éd. de la Sirène, 1920, in-12, 198 p. - R. GUY-GRAND : *La philosophie syndicaliste*.

Paris, Grasset, 1911, in-12, 235 p. - V. GRIFFUELHES : *L'action syndicaliste.* Paris, Rivière, 1908, in-12, 67 p.- G. GURVITCH : *Le temps présent et l'idée du droit social.* Paris, Vrin,1931, in-8°, 333 p. - L. JOUHAUX : *Le syndicalisme français.* Paris, Rivière, 1913, in-12, 60 p. - *Le syndicalisme et la C. G. T.* Paris, Éd. de la Sirène, 1920, in-12, 243 p. - B. DE JOUVENEL : *L'Économie dirigée.* Paris, Valois, 1929, in-12, 194 p. - H. DE JOUVENEL : *Pourquoi je suis syndicaliste.* Paris, Éditions de France, 1928, in-12, 97 p.- H. LAGARDELLE : *Sud-Ouest. Une région française.* Paris, Valois, 1929, in-12, 186 p. - P. LASSERRE : *Georges Sorel, théoricien de l'impérialisme.* Paris, L'Artisan du Livre, 1928, in-12, 265 p. - M. LEROY : *Les transformations de la puissance publique. Les syndicats de fonctionnaires.* Paris, Giard et Brière, 1907, in-8°, 293 p. - *La coutume ouvrière.* Paris, Giard, in-8°, 909 p. - *Syndicats et services publics.* Paris, A. Colin, 1909, in-16, 324 p. - *Les techniques nouvelles du syndicalisme.* Paris, Garnier, 1921, in.12, x-212 p. - LIGUE DES DROITS DE L'HOMME : *Le Congrès national de 1931,* c. r. sténog. *I. Le syndicalisme et l'État.* Paris, 1931, in-12, 458 p. - P. LOEWEL : *Inventaire 1931.* Paris, Valois. 1931, in-12, 251 p. - PAUL LOUIS : *Histoire du mouvement syndical en France.* Paris, Alcan, 1907, in-16, iv-282 p. - *Le syndicalisme contre l'État.* Paris, Alcan, 1910, in-16, 276 p. - *Histoire de la classe ouvrière en France de la Révolution à nos jours.* Paris, Rivière, 1927, in-8°, 412 p. - Jean LUCHAIRE : *Une génération réaliste.* Paris, Valois, 1929, in-12, 202 p. - E. MARTIN SAINT-LÉON : *Les deux C. G. T. Syndicalisme et communisme.* Paris, Plon-Nourrit, 1923, in-12, 132 p.- G. MOREAU : *Le syndicalisme, les mouvements politiques et l'évolution économique.* Paris, Rivière, 1925, in-8°. - F. PELLOUTIER : *La vie ouvrière en France.* Paris, Schleicher, 1900, in-12, 342 p. - *Histoire des Bourses du Travail.* Paris, Costes, 1921, in-16, 338 p. - G. PIROU : *Georges Sorel (1847-1922).* Paris, Rivière, 1927, in-12, 67 p. - G. SCELLE : *Le droit ouvrier.* Paris, A. Colin, 1922, in-12, vi-210 p. - L. DE SEILHAC : *Les congrès ouvriers en France, de 1876 à 1897.* Paris, A. Colin, 1899, in-8°, xiii-364 p. - G. SOREL : *Réflexions sur la violence.* Paris, Rivière, 1921, in-12, 457 p. - *Matériaux pour une théorie du prolétariat.* Paris, Rivière, 1921, in-16, 456 p. - *Introduction à l'économie moderne.* Paris, Rivière,

Célestin Bouglé

2e éd., 1922, in-16, 385 p. - G. VALOIS : *Un nouvel âge de l'humanité*. Paris, Valois, 1929, in-12, 187 p.

XII. - Organisation actuelle de l'industrie en France.

BERNARD FALGAS : *Les syndicats patronaux de l'industrie métallurgique en France*. Paris, Éd. de la Vie Universitaire, 1922, in-8°, 422 p. - CAHIERS DE LA NOUVELLE JOURNÉE : N» 4 : *La Cité moderne et les transformations du droit*. Paris, Blond et Gay, 1925, in-8°, 229 p. - CONFÉDÉRATION GÉNÉRALE DE LA PRODUCTION FRANÇAISE : Annuaire 1930. *Répertoire des Syndicats patronaux français*. - G. DAVY : *Le problème de l'industrialisation de l'État*. Revue de Métaphysique et de Morale, 1924, p. 600-641. - H. DUBREUIL: *Standards*. Paris, Grasset, 1929, in-12, 425 p. - *Nouveaux standards*. Paris, Grasset, 1931, in-12, 336 p. - L. GUILLET et J. DURAND : *L'industrie française*. Paris, Masson, 1920, in-12, 283 p. - ED. LAMBERT, PAUL PIC et P. GARRAUD : *Les sources et l'interprétation de la législation du travail en France*. Rev. internat. du travail, juillet 1926. - C. LAUTAUD et A. POUDENX : *La représentation professionnelle. Les conseils économiques en Europe et en France*. Paris, Rivière, 1927, in-12, xii-282 p. - A. LE HÉNAFF : *Le pouvoir politique et les forces sociales*. Paris, Recueil Sirey, 1931, in-8°, 159 p. - J. MOCH : *Socialisme et rationalisation*. Bruxelles, L'Églantine, 1927, in-12, viii-141 p. - *Le rail et la nation*. Paris, Valois, 1931, in-4°, 472 p. - PAUL PIC : *L'actionnariat ouvrier dans la législation française récente*. Rev. internat. du travail, juillet 1923. - ROGER PICARD : *Le progrès de la législation ouvrière en France pendant et depuis la guerre*. Rev. internat. du travail, juillet-août 1921. - *Les Assurances sociales*. Paris. Éd. Godde, 1930, in-8°, 418 p. - R. PINOT : *Les oeuvres sociales des industries métallurgiques*. Paris, A. Colin, 1924, in-8°.- ÉTIENNE VILLEY : *L'organisation professionnelle des employeurs dans l'industrie française*. Paris, Alcan, 19b3, in-8°, xxii-395 p. - D. YOVANOVITCH : *Les stimulants modernes du travail ouvrier*. Paris, Pr. univ., 1923, in-8°, 378 p. - *Le rendement optimum du travail ouvrier*. Paris, Payot, 1923, in-8°, 490 p. - N... : *L'organisation syndicale du patronat français*. Rev. intern. du trav., juillet 1927, p. 56-82.

Fin du livre

ISBN : 978-1514196663